퇴사 후 비로소 나를 찾았다

긍정의 눈으로 세상 보기

퇴사 후 비로소
나를 찾았다

황지혜 지음

두드림미디어

프롤로그

나는 강요에 의해 움직이는 사람이 아니라 내 생각에 의해 행동하는 사람이기를 선택했다. 농과대학 원예 학도였던 나는 졸업 후 약학대학원 천연약품학을 전공했다. 그리고 천연물 소재 개발 연구원으로 15년 이상 일했다. 그러면서도 끊임없이 성장을 갈구했다.

내가 대학생 때 꿈꾸던 신약 개발 연구원이 되었지만 행복하지 않았다. 연차를 쓰기 위해 눈치 보며 허락을 구해야 하는 상황이 이치에 맞지 않다는 생각이 들기 시작했다. 계속 노력하는데도 불구하고 더 힘들어지는 현실을 경험하고 다른 인생을 꿈꿨다. 그 고민의 시간 끝에 내 인생 처음으로 사표를 던졌다. 내 안의 어떤 문을 하나 확 열어젖히고 다른 세상으로 나아간 기분이다. 이런 것이 사람들이 말하는 인생 2막이구나 하는 생각이 들었다.

나는 앞만 보고 달려왔다. 뭐든지 하면 된다는 마음가짐으로 말이다. 내가 생각하는 나의 우주는 이렇게 내가 생각하는 대로 살아야 맞다. 그게 나다운 것이고, 자연스럽다. 나뿐만 아니라 모두에게 그럴 것이다.

무엇보다 내 자신을 있는 그대로 받아들이고, 내가 내 존재를 있는 그대로 인정하는 것이 제일 중요하다는 것을 깨달았다. 그리고, 이제는 내가 느꼈던 것처럼, 이 책을 읽는 당신이 이 세상에서 가장 소중한 존재는 자신임을, 누구나 그 무언가가 될 수 있음을 받아들였으면 좋겠다.

퇴사 후 비로소 나를 찾았다

이 책은 대학생 때 꾸었던 꿈으로 시작된 한 연구원이었던 나의 이야기다. 직장생활에서 치열하게 고민했던 인간 성장 과정과 퇴사 후 현재까지의 경험과 깨달음을 담았다. 이 길을 가고자 하는 분들에게는 동기부여를, 이 분야에 관심 있는 분들에게는 조금이나마 공감이 되었으면 좋겠다.

무엇보다 직장생활을 하면서 퇴사를 생각하는 마흔 즈음 되는 분들에게 지금이 딱 성공하기 좋은 시점이라고 말해주고 싶다.

누구든지 이 책을 통해 어떤 아이디어라도 얻는다면 나에게 큰 행복일 것이다. 특히 자기 계발에 끊임없이 노력했지만 똑같은 현실을 마주해야 했던, 목마른 이들에게 한 잔의 물이 되어주고 싶다. 그 성장통을 겪고 있을 그들의 갈증이 조금이나마 해소되기를 바란다.

작가가 꿈인 나에게 그 꿈을 이룰 수 있게 날개를 달아준 한국책쓰기강사양성협회(이하 '한책협') 김태광 대표님, 권동희 대표님과 한책협 동기, 선후배 작가님들, 특히 아낌없이 조언해준 조인숙 작가님께 진심으로 감사의 마음을 전한다.

그리고 세상에서 가장 사랑하고 존경하는 엄마, 돌아가셨지만, 내 머리 위 하늘은 항상 맑게 만들어주고 계시는 (나는 그렇게 믿고 있어요) 아빠, 든든한 오빠에게 항상 감사한 마음이다. 그리고 내 곁에서 묵묵히 응원해주는 고마운 남편, 지혜롭고 밝은 첫째, 그리고 행복과 사랑의 결정체인 막내에게 무한한 사랑의 마음을 전한다.

황지혜

차 례 c o n t e n t s

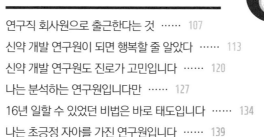

제1장

앞으로 이루고 싶은
내 꿈은 뭐지?

목표 없이 공부하는 것은, 목적지 없이 노를 젓는 것과 같다. 목적지를 정해두지 않고 노를 저어도, 언젠가는 육지에 닿을 수 있다. 하지만 그곳에 도착하고 난 다음에는? 아마도 목적지를 정해야 할 것이다. 그만큼 시간은 지체되겠지만 말이다.

원하는 것을 더 빠르게 이루려면 목표를 세워야 한다. 목표 없이 공부하면 어중간한 성적밖에 못 받듯이, 아무런 삶의 방향이 없으면 그냥 사는 대로 흘러가는 대로 살게 된다. 그런 삶을 살아선 안 되지 않겠는가. 그러니 우리는 목표를 정하고 이뤄가며 원하는 삶을 살아야 할 것이다.

나도 꿈 없이, 목표 없이 공부만 하던 때가 있었다. 고등학교 2학년 때였다. 대학에 가려고 친구들 대부분이 공부에 매진했다. 물론 나도 대학에 가기 위해, 수능을 잘 보기 위해 공부하기 시작했다. 그랬지만 어느 대학교, 어느 과를 선택할지는 생각해보지 않은 상태였다.

그 당시 나는 과학탐구 분야에서 '생물 Ⅱ'를 선택해야겠다고 생각했다. 왜냐하면, 그때 친구들 대부분이 그 과목을 선택했고, 그 과목이 비교적 쉽다는 촌평이 있었기 때문이다. '생물 Ⅱ' 과목의 문제는 총 20개였던 것으로 기억한다. 그 당시 친구들은 많이 틀려야 한두 문제였는데, 나는 겨우 열 문제 남짓 맞히고 있었다.

이 과목 문제를 왜 이렇게 많이 틀리는지 의문이었다. 어떻게 하면 나도 다 맞힐 수 있을까 고심하면서, '생물 Ⅱ'의 기출문제 1회 분량을 매일 풀고, 왜 틀렸는지 오답 노트를 작성하리라 마음먹었다. 그렇게 매일매일의 공부가 쌓이자, 어느 순간부터 나도 '생물 Ⅱ'는 만점을 받게 되었다.

가장 점수가 부족했던 '도덕윤리' 과목은, 두께가 그리 두껍지 않은 EBS 문제집을 구해, 하루에 한 단원씩 풀어나갔다. '생물 Ⅱ' 과목에서 성공을 맛본 나는, 점수가 제일 낮은 '도덕윤리' 과목에도 같은 방법을 적용했던 것이다. 그렇게 매일 설정해둔 나만의 진도를 나가니, '도덕윤리' 과목도 어느 순간 만점을 받게 되었다. 이렇게 하나하나 목표를 정하고 목표대로 공부해나가자, 성적은 상승 곡선을 그렸다.

이렇게 매일 작은 목표들을 이뤄가면서 나는 공부에 재미를 붙였다. 모르는 것을 알게 되었을 때는 희열을 느꼈다. 그때 나

퇴사 후 비로소 나를 찾았다

는 틀리던 문제를 맞혔을 때 느꼈던 감정이, 공부는 재미있다는 의식으로 확장되었음을 깨달았다. 목표를 설정하고, 그 분량의 공부를 해냈을 때의 성취감, 성적 향상이라는 결과를 얻었을 때의 만족감은 지금도 생생히 내 마음에 새겨져 있다.

그렇게 나는 스스로 설정한 매일의 작은 목표를 이루며 공부에 재미를 느꼈다. 그렇다고 큰 목표를 세웠던 건 아니다. 그냥 점점 높아지는 점수에 만족하며 수능시험을 치르게 되었다. 그러고 나서는 수능 점수에 맞춰 학교와 과를 골랐다. 원하고 목표하는 학과가 아닌, 받은 점수에 맞춰 조금은 안정적인 학과에 원서를 넣은 것이다. 그해는 수능 만점자가 수두룩하게 나왔고, 2001년 나는 지방 국립대 농과대학 원예학과에 입학했다.

대학생이 되고 나서 공부는 나에게 뒷전이 되었다. 자유로운 캠퍼스 생활을 만끽하기 바빴다. 원했던 통기타 동아리 활동, 풍물 동아리 활동과 민속연구회 동아리에 가입하지는 않았지만, 개인적인 친분으로 탈춤도 배웠다. 각종 환영회, MT 가리지 않고 모두 참석했고, 재즈댄스 학원도 다녔다. 대학생이 된 나는 하고 싶은 게 너무 많았고, 최선을 다해 모두 시도했다. 하루가 부족할 지경이었다.

그러다 보니 교양과목은 둘째치고 전공도 공부할 시간이 없었다. 전공과목 중 어떤 것은 원서로 수업이 진행되었다. 시험 기간이 되어 전공 책을 펼쳐보니, 눈앞이 캄캄했다. 시험은 고등학교 때와 달리, 서술형으로 답안을 작성해야 했다. 지금껏 해

오던 방식과 너무나 달라서 어려웠다. 그런 이유로 대학교 1학년 때의 내 성적은 좋지 않았다. 경각심을 가질 만한데도, 공부보다 노는 데 집중하느라 2학년 때 성적은 1학년 때보다 더 안 좋았다.

그렇게 대학교 2학년 생활이 마무리되어갈 무렵이었다. 나는 미래가 걱정되기 시작했다. 이대로는 안 되겠다 싶었던 거다. '졸업 후에는 뭐 하지? 내 미래는 어떻게 될까?' 이런저런 걱정을 하며, 무슨 일로 먹고사나 고민하기 시작했다.

이제 곧 학생에서 사회인이란 타이틀을 달게 될 텐데, 그에 걸맞은 준비가 되어 있지 않았다. 꿈이 없으니 미래가 불안했다. 불안한 마음에 나는 먼저 나의 미래가 될 과 선배들을 지켜보았다. 성적이 좋은 선배, 그렇지 않은 선배, 학교에 잘 나오는 선배, 그렇지 않은 선배 등, 경우는 다 달라도 대부분 공무원 시험을 준비하고 있었다.

나는 내 미래가 공무원이 아니었으면 했다. 그런 불안한 마음이 나에게 꿈을 꾸라고 채찍질했다. 나는 꿈꾸기 시작했다. 아니, 꿈을 만들기 시작했다. 그리고 내가 하고 싶은 일을 종이에 적기 시작했다. 종이에 펜으로 죽 죽 죽 세 구획으로 나눠, '하고 싶은 일', '할 수 있는 일', '해야 하는 일'을 적었다.

당시 내가 적었던, 하고 싶은 몇 가지 일 중에서 나는 제약회사 연구원을 선택했다. 제일 멋져 보였기 때문이다. 무엇보다 연봉이 제일 높을 것 같았다. 꿈을 정하고 나니, 나머지는 너무나도 당연하고 쉬웠다.

농과대학 원예학과에 재학 중이던 나는 그렇게 꿈을 만들어냈다. 야생화나 야생초라고 불리는 잡초는, 아직 발견되지 않은 약초로 생각되었다. 나는 잡초라 불리는 그것들의 가치를 발견하고, 사람들에게 이로운 약으로 개발해가는 연구원의 길을 선택했다. 그걸 내 인생의 목표로 삼았다. 나는 대학교 2학년 때, 제약회사 연구원이라는 목표를 세운 것이다.

그렇게 목표를 세우고 나니, 길이 보였다. 무엇보다도 약학대학원에 진학하는 게 우선순위가 되었다. 원예학 전공으로 농과대학을 졸업한 후, 나는 자연스럽게 약학대학원에 진학했다. 전공은 천연약품학이었다. 내 목표를 이루기 위한 하나의 과정으로 여기니, 모든 대학원 공부가 재미있었다. 생약학, 본초학, 유기화학, 천연물화학, 기기 분석학, 핵자기공명분광학(Nuclear Magnetic Resonance Spectroscopy, 이하 NMR) 등 석사 과정에서 이수해야 하는 모든 과목을 공부했다. 동시에 졸업논문을 위한 실험도 진행했다.

내 실험 과정은 이랬다. 먼저, 식물을 추출한 다음 농축한다. 그리고 그 추출물을 용매분획을 해서 용매 극성에 따라 분획층을 나눈다. 각 분획물은 농축하고 그중에서 가장 활성이 좋은 용매 분획물을 우선적으로 분리를 진행한다. 각종 칼럼 크로마토그래피를 통해 단 하나의 화합물로 분리한다. 추출물 안에는 여러 가지 화합물이 들어 있는데, 순수한 하나의 화합물로 분리해 낸 다음, 이 화합물이 어떤 구조인지 분석을 통해 밝힌다. 자연계에 존재하는 천연물, 특히 거의 모든 고등식물은 2차 대사산물이라고 하는 활성 성분을 가지고 있다. 천연물 화학 연구 분야는 이런 성분의 기본 골격을 파악하고 어떤 화합물인지 밝혀내는 것을 기본으로 하고 있다. 그리고 유효성분과 활성관계파악을 통해 합성 신약의 리드 화합물의 역할을 할 수 있다. 주목나무에서 미량 분리한 택솔(Taxol)이 합성을 통해 항암제로 상용화된 것처럼 말이다. 분리한 단일 화합물은, 그 구조를 밝히기 위해 NMR 분석을 하게 된다. 그 분석 결과는 피크로 나오게 되고, 그 특이적인 위치의 피크와 피크의 면적, 피크 사이의 간격 등을 계산해 화합물의 구조를 동정한다. 추가적인 분석이 필요할 수도 있다.

　그 당시 내 공부는 화합물 구조 동정을 위한 지식 습득과 기술 연마의 과정이었다. 나는 그 모든 과정이 퍼즐 맞추기 놀이처럼 흥미롭고 재미있게 느껴졌다. 그 과정이 끝나면 나는 천연약품학 전공 약학대학원 석사 졸업장을 받게 되기 때문이었다. 그 졸업장은 나를 제약회사로 안내할 것이다. 그리고 제약회사에서 받을 연봉, 경제적인 풍요로움은 떨쳐낼 수 없는 달콤한 보상이 되리라. 이렇게 내 목표는 제약회사 연구원이었고, 그 후 받을 연봉은 나에게 커다란 동기부여가 되었다. 당시의 공부가 무조건 재미있었던 이유다.

　이처럼, 우리는 일단 목표를 정하면, 달성한 후 받게 될 보상을 생각한다. 왜냐하면, 그게 목표 달성에 강력한 동기부여가 되기 때문이다. 예를 들면 이렇다. 이번 시험에서 수학을 90점 받겠다는 목표를 설정한다. 그 목표를 이뤘을 때, 내가 그동안 갖고 싶었던 물건을 나에게 선물한다! 목표한 90점을 이뤄내고 얻게 될 달콤한 보상을 상상하며 공부한다면, 그 과정이 어찌 즐겁지 않겠는가? 이는 공부뿐만 아니라 어떤 것이든, 성공을 위해 내가 스스로에게 동기부여 하는 하나의 방법이 될 수 있다.

목표한 것을 이뤄내면 성취감과 동시에 자긍심을 느낄 수 있다. 더불어 그 보상의 맛을 알게 되면, 자신만의 성공 시스템을 구축하고 성공 행동을 강화하게 될 것이다.

목표를 설정하고 공부해서 성적까지 잘 나오면, 자존감이 높아짐은 물론, 더 나은 성적을 받고 싶을 것이다. 공부도 해본 놈이 더 하는 법이다. 메이저리그 야구선수가 아마추어 야구 동호회 회원보다 더 많이 운동하는 이유다. 공부도 해본 자가 더 잘하려고 애쓰고, 성공도 해본 자가 더 성공하기 위해 노력하는 이유다. 목표가 뚜렷하기 때문이다.

이런 경험이 쌓이면, 자연스럽게 공부뿐만 아니라 성공하는 방법도 몸에 익히게 되는 것이다. 목표한 대로 공부하고 이뤘을 때 얻게 될 보상을 상상하는 것, 성공한 후 누리게 될 풍요로움을 상상하는 것, 그 시작은 목표를 먼저 세우는 것에 있다.

세상에
할 수 없는 건 없다

"내 사전에 불가능은 없다." 가난과 역경을 극복하고, 프랑스 황제의 자리에 올라 유럽의 절반을 정복한 불굴의 지도자 나폴레옹(Napoléon Bonaparte)의 너무나 유명한 명언이다. 그렇다. 대포를 끌고 알프스산맥을 넘어 이탈리아를 정복한 나폴레옹처럼, 모두가 불가능하다고 치부하는 일도 생각만 바꾸면 이뤄낼 수 있다. 불가능은, 불가능하다고 생각하는 사람의 단어일 뿐이다.

'너무 힘들고 어려워서 못 한다', '시간이 없어 못 한다'라고 자신의 가능성에 한계를 긋는 순간, 그 사람의 세상은 불가능투성이가 되고 만다. 그러니 불가능한 걸 가능하게 만들 수 있다고 생각하며, 가능성을 타진해보기를 바란다. 세상의 모든 가능성은 생각에서 시작되기 때문이다.

내가 초등학생 때는 막 컴퓨터 사용법을 교육받던 시기였다. 컴퓨터 수업 후 남는 시간에는 타자 연습을 했다. 나뿐만 아니라 친구들 대부분이 독수리 타법에서 벗어나기 위해 연습에 연습을 거듭하고 있었다. 나 역시도 한창 자판 익히는 연습에 매진하고 있었다.

내 옆에는 뭐든 잘하는 친구가 앉아 있었다. 그 친구는 전체 조회 때마다 상을 휩쓰는 상 타기 1등, 성적도 전교 1등인데다 생긴 것마저 예쁘장했다. 세상은 불공평하다고 했던가. 이 친구는 그 누구보다도 컴퓨터 입력 속도가 빨랐다. 나는 부럽기도 하고 신경질이 나기도 했다. 느릿느릿 자판 익히는 연습을 하던 나는 홧김에 자판을 두들겨 패듯이 빠르게 쳐버렸다.

그다음 과연 무슨 일이 일어났을까? 질투심에서 촉발된 그 행동으로 인해, 얼마 되지 않지만 몇 개의 단어가 그 속도에 맞춰 입력된 것이다. 나는 그 작은 실천(?)을 통해 내 가능성을 발견했다. 나도 모르는 사이 내 한계를 시험했던 셈이다. 이는 내 마음속에 작은 불씨를 지피는 계기가 되었다.

그날 나는 알 듯 말 듯한 깨달음을 얻었다. 저 친구가 할 수 있으면 나도 할 수 있겠다 싶었다. 내 한계에 대해 생각해본 적이 없었지만 그날 이후, 나도 모르게 자신감이 생겼다. 그리고 컴퓨터를 더 잘하고 싶다는 욕심에 컴퓨터 학원에 등록했다. 집에 컴퓨터가 없었기 때문이기도 했다.

나는 학원에 다니면서 매일 자판 익히는 연습을 했다. 그러던 어느 날, 우리 집에도 컴퓨터가 생겼다. 전화선을 연결해 컴퓨터를 사용하던 시절, 친척에게서 물려받은 허름한 것이었다. 그런데도 나는 너무 좋았다. 매일 자판 연습을 할 수 있다는 생각에 들떠 있었다.

나는 매일 자판 연습을 했고, 더불어 컴퓨터 게임도 할 수 있었다. 빌 게이츠(Bill Gates)의 원대한 꿈이었던, '모든 책상 위에 컴퓨터를, 모든 가정에 컴퓨터를'이라는 그 문구 그대로, 우리 집에도 컴퓨터가 생긴 덕분이었다. 그 후 나는 독수리 타법에서 벗어났다. 내 손가락은 이미 자판 위 버벅거림에서 해방된 상태였다.

저 친구가 할 수 있으면 나도 할 수 있다. 저 사람이 할 수 있으면 나도 할 수 있다. 저 사람도 사람이고 나도 사람이기 때문이다. 그러므로 나는 세상에서 할 수 없는 일은 없다고 생각한다. 다른 사람이 불가능하다고 생각하는 일을 내가 가능한 일이라고 받아들이는 순간, 나는 어떤 일이든 할 수 있게 된다는 말이다. 이 경험을 통해 얻은 깨달음으로, 나는 어른이 된 후에도 어떤 일이든 두려움이나 어려움 없이 시작할 수 있었다.

첫 직장에 입사한 후 해외여행에 도전했다. 해외여행은 대부분 모두가 가고 싶어 하는 이벤트다. 하지만 비용이나 일정을 맞춰야 해서 쉽지 않은 과정이 될 수 있다. 사회 초년생이었지만, 매월 받는 월급이 경제적 여유를 선사하고 있던 참이었기에 직접 번 돈으로 해외여행을 가는 건 그리 어려운 꿈은 아니었다. 더군다나 휴가 승인을 받았기 때문에, 해외여행을 가는 데 최적의 조건을 갖춘 셈이었다. 그저 가고 싶은 곳을 선택하기만 하면 되었다.

해외여행의 첫 목적지는 태국으로 정했다. 고산족을 보고 싶었던 이유가 가장 컸다. 다큐멘터리에서나 볼 법한 그 소수민족을 직접 보고 싶다는 막연한 생각이 시발점이었다. 그뿐만 아니라, 첫 해외 여행지로 택하기에 비교적 거리도 가깝고, 경제적으로도 부담스럽지 않았다.

주위 동료분들이 치안 상태를 걱정하며 여러 조언을 마다하지 않았지만, 크게 신경 쓰지 않았다. 그래도 혼자보다는 둘이 가는 게 안전하고, 함께하면 여행의 순간순간 기쁨이 배가됨을 알기에 친구에게 함께 가자고 했다. 내 권유에 친구도 흔쾌히 동의했고, 여행 준비는 일사천리로 진행되었다.

우리는 태국의 수도인 방콕에서 머물고자 했다. 그래서 그곳에서 묵을 첫 숙소와 비행기 표만 구했다. 계획은 그걸로 충분했다. 설레는 마음으로 여행을 준비하기 시작했다. 먼저, 나와 친구는 태국 관련 책자를 각자 하나씩 구매했다. 일정은, 여행 전날 갈 곳을 상의한 후, 다음 날 실행에 옮기는 방식으로 정했다.

나와 친구는 방콕을 시작으로 근교를 여행한 후, 3일 차에 고산족을 보러 가기로 했다. 이동은 방콕에서 치앙마이까지는 밤 기차로, 치앙마이에서 매홍손까지는 밴으로, 매홍손에서 고산족 마을까지는 스쿠터로 가기로 했다. 방콕에서 밤 기차를 타고 새벽에 치앙마이에 도착한 우리는 계획대로 밴을 잡아타고 매홍손으로 향했다. 도착해서는 숙소부터 알아보았다. 친구와 나는 괜찮아 보이는 게스트하우스에 들어갔다.

주인이 방을 보여준다기에 둘러보았다. 침대며 창문, 에어컨 등을 살펴보고 화장실로 향했다. 화장실 창문에는 도마뱀이 떡하니 붙어 있었다. 그 모습이 징그러울 수 있고 놀랄 만도 한데, 오히려 너무 귀여웠다. 나는 그곳에서 묵기로 했다. 물론 같이 간 친구도 나와 같은 생각이었다.

숙소에 짐을 풀고 나와서 보니, 우리 고향처럼 편안한 느낌을 주는, 아기자기 예쁘고 아담한 곳이었다. 긴 시간 이동한 탓에 친구와 나는 지쳐 있었다. 지친 몸과 마음을 추스르며, 남은 하루를 편안하게 쉬었다.

다음 날 아침 스쿠터를 빌렸고, 짧은 운전 교육을 받았다. 그러곤 고산족 마을을 향해 달리기 시작했다. 첫 해외여행에 첫 스쿠터 운전이라니! 지금 생각해봐도 겁 없는 도전이었다. 스쿠터를 타고 달리다 보니, 이정표가 갈수록 단순해졌다. 목에 링을 한 여인 그림과 화살표가 우리를 고산족 마을로 인도해주고 있었다. 길을 물어보고 싶었지만, 깊이 들어갈수록 사람 만나기가 힘들었다.

그렇게 4~5시간을 달려 고산족이 사는 마을에 도착했다. 미얀마 국경지대 근처까지 간 것이다. 고산족을 보기 위한 여정은 이렇게 쉽지 않았다. 마을을 둘러보고, 그중 한 여인과 사진을 찍었다. 그 여인들 모습을 형상화한 공예품도 구매했다.

'긴 목 사람들(Long Neck People)'로 일컬어지는 카렌족, 또는 고산족이라고도 하는 그녀들은 어떤 삶을 살고 있을까? 나는 왜 그들의 삶이 궁금했을까? 단지 그들이 보고 싶다는 생각 하나에 매달려 어떻게 태국의 끝, 미얀마 국경지대까지 왔을까?

나폴레옹이 눈보라 몰아치는 알프스산맥을 넘어 이탈리아 주둔 오스트리아군을 공격하는 게 불가능한 일이라 생각했다면, 그는 프랑스의 황제가 될 수 있었을까? 그는 불가능은 멍청이의 사전에만 있는 단어라고 외치며, 가능하다는 확신 하나만 갖고 전진했다. 그리해서 그는 이탈리아 제압, 그리고 오스트리아의 수도 빈을 점령하는 성공을 일구어냈다.

친구와 나 역시도 나폴레옹처럼 확신하고 있었다. 고산족을 볼 수 있으리라는 확고한 의지는 태국 북방 끝자락에 있는 고산족 마을까지 우리를 인도했다. 그리고 결국 우리는 그들 삶의 단편을 볼 수 있었다. 그 일이 불가능하다는 생각을 전혀 하지 않았다. 그들을 보러 가겠다는 의지로 우리의 행동은 자연스럽게 이어졌다. 그들에게서 구매한 공예품 '긴 목 사람들'을 볼 때면 아직도 내 소중한 추억이 때때로 소환된다.

나는 고산족 마을에 다녀온 후 무언가 이뤄냈다는 자부심이 굉장했다. 친구와 함께 그곳의 산과 들, 사원, 시장 등을 돌아다니며 열심히 인생 경험을 적립할 수 있었다. 비록 태국의 유명

관광지인 푸켓이나 파타야 같은 휴양지 근처 바닷가에는 가보지 못했지만, 바다보다 큰 풍요로움을 마음에 담아 왔다. 그렇게 스물일곱 살 첫 해외여행에서 얻은 성취감은 내게 세상은 넓고, 불가능은 없다는 마음가짐을 심어주었다.

세상에서 할 수 없는 것은 없다고 생각하는 것, 불가능은 없다고 생각하는 것. 이는 생각에만 그쳐서는 안 되는 문제다. 작은 일이라도 실천해봐야 한다. 직접 해보면 내가 겁내던 것이 전혀 그럴 필요가 없었다는 것을 알게 된다. 해보니 별것 아니라는 생각마저 든다.

만약 나에게 부족한 부분이 있다면 공부하고 연습해서 채워나가면 된다. 작은 실천에서 비롯된 긍정적인 경험은 내 행동의 근간이 되는 믿음의 씨앗이 되고, 그 믿음은 확신이라는 줄기로 뻗어나간다. 확신에 차서 알프스산맥을 넘고 이탈리아를 정복한 나폴레옹, 우리도 그처럼 자신의 삶을 정복하는 인생을 살아봐야 하지 않을까?

퇴사 후 비로소 나를 찾았다

성공보다 많은 실패 덕분에 길을 찾을 수 있었다

　　　　첫 직장에서 나는 천연물 소재 연구 개발팀 소속 연구원이었다. 대학생 때 꾸었던 꿈이 석사 과정을 마치자마자 이뤄진 것이다. 첫 번째 꿈을 이루었고, 연구직 회사원의 삶을 살았다. 물론 원했던 경제적 여유가 생겼고, 해외여행을 다니기도 하면서 풍요로운 생활을 이어갔다. 하지만 입사 후 첫 사회생활이다 보니, 적응 과정도 만만치 않았다. 이렇게 힘들었던 회사 생활 적응을 마치고 나니, 다시 방황하기 시작했다. 왜냐하면 첫 직장에서 천연물 소재 개발 연구원이라는 꿈을 이루고는 그다음 꿈이 없었기 때문이다.

　　회사 생활을 적응하는 데는 당시 내 사수의 도움이 컸다. 사수였던 대리님은 나도 그렇지만, 나보다 더 술을 좋아하는 분이셨다. 그분과 나는 퇴근 시간이 되면, '가볍게 한잔?!'이라는 캐

치프레이즈를 내걸고 매일매일 회사 생활의 고달픔을 즐거움으로 승화시켰다.

연구원은 일과 시간에, 실험을 계획하고, 실험하고, 실험했던 것들을 치우고, 실험 결과를 정리해서 보고 자료를 작성하거나 보고서로 작성하는 일련의 과정으로 업무를 진행한다. 이런 과정에서, 성공적인 결과만 얻을 수 있는 것은 아니었다.

회사 생활 초반에는 실패가 빈번했고, 좌절감을 여러 번 맛보기도 했다. 하지만 하루 일과 끝에는 달콤한 시간이 기다리고 있었던 것이다.

그러다 보니, '나는 술을 좋아하는 사람이었나?' 생각하기에 이르렀고, 그렇다면 직접 술을 만들어볼까 하는 생각으로 이어졌다. 인터넷에서 술 만드는 방법을 가르쳐주는 곳이 있는지 찾아보았다. 그렇게 검색 끝에 '한국전통주연구소'를 찾았다.

우리나라 전통주 만드는 방법을 배울 수 있다니! 너무 멋졌다. 나는 전통주 만드는 것을 두 번째 인생 목표로 삼았다. 다시 꿈을 꾸고, 그것을 이뤄줄 수 있는 곳을 찾았다는 기쁨으로 충만했다. 그렇게 내 인생 두 번째 꿈이 생기니, 그동안 공허했던 마음은 풍요로워졌고, 설렘으로 가득 찼다. 당장 배우고 싶은 마음뿐이었다. 직장에 다니고 있기 때문에 주말 프로그램에 참여하면 되겠다고 생각했다. 하지만 당시 한국전통주연구소에 주말 프로그램은 없었다. 나는 이대로 포기할 수 없었다. 그래서 당장 전화를 걸었다. 정말로 꼭 배우고 싶은데 주말에 단과반이라도 열어주면 안 되겠냐고 말이다. 그곳 관계자는 내부적으로 상의

한 후 다시 전화를 주겠다고 했다. 그동안 나는 설레는 마음으로 전화를 기다렸다. 이미 한 번 꿈을 이뤄봤기에 설레는 마음은 확신으로 바뀌어가고 있었다. 나는 꼭 배운다!

　하루 정도 지나고, 회사 외부에서 교육이 있어 한참 교육을 듣고 있었다. 쉬는 시간이 되었을 때 한국전통주연구소에서 전화가 왔다. 잽싸게 복도로 뛰어나가 통화했다. 주말에는 운영하지 않는데, 이번에 단과반을 만들었으니 참여하겠냐고 물어보는 것이었다. 역시 간절하게 원하면 이루어진다는 게 사실이구나!
　그 후 나는 매주 즐거운 마음으로 한국전통주연구소에 전통주 만드는 법을 배우러 다녔다. 그리고 가양주반을 수료할 수 있었다. 그 후 전통주를 집에서 만들기 위해 안성에 가서 항아리를 구매했다. 그때마침 바우덕이 축제 기간이라 구경을 갔는데, 그곳에서 전통주 만드는 데 필요한 재료들을 구매할 수 있었다. 모든 재료를 준비해, 집에서 전통주를 만들 수 있게 세팅을 완료했다. 전통주를 만들기 위해서는, 알코올을 만드는 효모가 좋아하는 환경을 잘 만들어줘야 한다. 그리고 인내하는 시간이 필요하다.
　그 모든 과정을 거치고 만들어낸 전통주를 친구들, 회사 동료들과 나눴더니 더없이 행복했다. 하지만 다시 미래를 걱정하게 되었다. 이 모든 과정을 내가 계속할 수 있을까? 술 만드는 과정이 쉽지 않고, 너무 오래 걸리는데? 회사 다니면서 이걸 할 수 있을까? 회사를 그만두고 이걸로 성공할 수 있을까? 처음 확신으로 시작한 내 두 번째 꿈은 점점 의심으로 바뀌었고, 전통주를 만들겠다던 내 꿈은 점점 희미해졌다.

꿈은 크게 가지라고 했던가! 나는 또다시 꿈을 만들었다. 그렇게 회사에 다니면서 꾸었던 세 번째 꿈은, 유니세프에 들어가 전 세계 어린이를 돕는 일이었다. 결혼하기 전이었고, 아이를 좋아하는 것도 아니었는데, 나는 어떻게 이런 생각을 했을까? 아마도 어렸을 때 엄마가 들려주신 말씀의 영향이 컸던 것 같다.

내가 어렸을 때, 엄마는 가끔 "아빠와 이혼하면 너희가 사회에 나가서 문제를 일으킬 수도 있고, 범죄자가 될 수도 있다. 그래서 너희 때문에 아빠와 헤어지지 않고 산다"고 하셨다. 엄마는 우리 남매를 잘 키워내기 위해 당신의 삶은 포기한 채 살아온 것이다.

그런 기억들로 인해 나는 어린이들에게는 성장 환경이 중요하다는 걸 어렴풋이 깨달은 것 같다. 사회적으로 문제를 일으키는 사람들에게도 모두 순수한 어린 시절이 있었을 것이다. 사랑과 보살핌, 교육의 부재로 인한 결핍이 분노가 되고, 그것을 사회에 표출한 게 아닐까? 누군가의 관심, 교육이 적절히 주어졌다면 더 나은 삶을 살 수 있지 않았을까?

그런 생각들에 다다르자, 굳이 유니세프에 소속되지 않아도 어린이와 그 부모에게 도움이 되는 사람이 될 수 있겠다 싶었다. 어린이재단 같은 곳에서 어린이들을 도울 수 있을 것 같았다.

퇴사 후 비로소 나를 찾았다

그런 기관에 들어가려면 먼저, 사회복지사 자격증이 필요했다. 사회복지사 자격증 취득 방법을 찾아보다가 학점은행제를 통해 학점을 이수하면 가능하다는 사실을 알았다. 나는 직장에 다니면서 모든 관련 과목을 이수했고, 실습만 남겨놓은 상황이었다. 그리고 동시에 응급처치법 강사, 심리사회적지지 강사 자격증도 모두 획득했다.

그러면서 대한적십자사 강사회 활동도 했는데, 그때 다른 강사님이 "사회복지사는 박봉인 데다 일이 힘들어. 지금 잘 벌고 있는데, 왜 이 길을 가려고 해? 지금 하는 일을 계속하는 게 돈도 더 잘 벌고 편할 거야"라고 말해주셨고, 그 말에 나는 흔들렸다. 분명 나는 좋은 일을 하면서 돈도 많이 벌고 싶었는데, 그 길은 나의 욕구를 모두 충족시켜주지 않을 것 같았다.

그리고 얼마 지나지 않아 나는 사간 전보로 계열사로 이동해 식품연구개발팀에서 일하게 되었다. 이사도 해야 했고, 새로운 동료와 업무에도 적응해야 했다. 그렇게 어린이를 돕는 일을 하고 싶다는 꿈마저 희미해졌다.

나의 꿈은 왜 계속 흔들리는 것일까? 꿈을 꾸었고, 꿈이 없을 때는 만들었고, 실천에 옮기기까지 했는데 왜 계속 실패하게 되는 걸까? 《꿈 너머 꿈》의 저자 고도원은 그의 저서에서 이렇게 말하고 있다. "꿈이 있으면 행복해지고, 꿈 너머 꿈이 있으면 위대해진다"라고.

나는 꿈을 이루며 행복해지긴 했는데, 무언가 항상 부족함을 느꼈다. 아마도 꿈을 이루고 나서, 그다음에 이루고 싶은 꿈이 없었기 때문이리라. 사회에 선한 영향력을 주고, 선순환되는 그런 꿈 너머 꿈 말이다.

그때는 몰랐지만, 지금은 내가 방황했던 이유를 알겠다. 나는 꿈을 이뤄서 성공했다고 생각했지만, 단지 행복감만 잠시 느꼈던 것이었다. 이 결핍은, 성공보다 많은 실패 덕분에 알 수 있었다. 이런 실패의 경험이 없었다면 지금의 나도 없었을 것이다. 많이 방황해보고 깨닫는 과정에서 내 결핍을 인지할 수 있었다. 그리고 나의 성장 욕구를 채워줄 수 있는 것은 외부에 있지 않다는 것을 알게 되었다. 이제 나는 더 큰 꿈을 꾸고, 그 꿈을 이루고 나서 '꿈 너머 꿈'을 꾸고 있다. 그것이 내 사명이 될 것이고, 인생 2막이 될 것이다. 그렇게 생각하니 행복한 것은 물론 내가 있는 곳이 천국처럼 느껴진다.

퇴사 후 비로소 나를 찾았다

여유 있게 고민하고
재빠르게 행동하라

'계속 고민만 하면 삶은 나아지지 않는다.' 나는 엄마를 보면서 이 사실을 깨달았다. 나는 엄마를 제일 존경한다. 인터넷 사이트의 회원가입 과정에서 비밀번호를 잊어버렸을 때 힌트 질문을 선택할 수 있는데, 그중에 나는 '가장 존경하는 인물은?'이라는 질문을 선택하고, 그에 대한 답은 항상 엄마 이름 세 글자를 넣는다.

한편, 엄마는 나를 부러워한다. 엄마는 생각이 너무 많아서 하고 싶은 게 있어도 시작하지 못하는데, 나는 휙휙 저질러버린다면서 말이다. 엄마는 날씨가 궂은 날이면 내게 전화로 안부를 묻곤 하신다. 수년 전 어느 겨울 주말 아침, 그때도 엄마는 내게 전화를 하셨다.

"여보세요? 엄마! 왜?"

"눈 많이 오는데 어디 가지 말고 집에 있어!"

"이미 지리산 둘레길 와서 걷고 있는데!"

"그럴 줄 알고 전화했는데 벌써 나가 있어? 으이구."

"히히. 여기 눈 하나도 안 와. 날씨 너무 좋아! 엄마 걱정하지 마!"

그렇게 눈이 펑펑 오는 날 딸자식이 걱정됐던 엄마는 전화로 안부를 물어오셨다. 엄마의 걱정대로 나는 또 밖에 나가 있었던 것이다. 이렇게 걱정 많고 정도 많은 엄마의 꿈은 무엇일까? 내가 어렸을 때 물어봤던 기억이 있다.

엄마는 자신만의 철학관 사무실을 열고, 힘든 삶을 사는 사람들의 사주를 봐주는 거라고 했다. 당신은 사회생활을 시작하면서 자신의 삶이 왜 이렇게 힘든지 궁금하셨다고 했다. 어떤 운명을 타고났기에 그런지 알고 싶었고, 그런 이유로 주역 공부를 시작했다고 하셨다. 그렇게 수년 동안 공부한 엄마는, 자신을 찾아오는 사람들의 사주 풀이를 해주며 수십 년 동안 상담을 해오셨던 것이다.

내가 어렸을 때 엄마는 매년 음력 1월이 되면 풍기, 영주에 다녀오셨다. 엄마는 약 한 달간 지인 집에 머물며 사람들의 신년 사주를 봐주고 돈도 벌어오셨다. 그런 엄마의 꿈은 철학관이라는 공간을 마련하는 것이었다. 그런데 엄마의 그 바람은 고민만 하다 그저 꿈으로만 남은 상태가 되었다. 엄마는 어느새 팔순을 넘기셨고, 이제 사주 보는 법도 모두 잊어버려서 못보겠다고 하셨다.

퇴사 후 비로소 나를 찾았다

반대로, 나는 해야겠다고 생각하면 바로 실행하는 실행력 '갑'이었다. 왜냐하면 일단 해보면 별거 아니라는 걸 알기 때문이다. 지인이 지나가는 말로 '언제 밥 한번 먹자'고 운을 떼면, 진심으로 마음이 있을 때는 그 자리에서 약속을 정할 정도였다.

내가 아무리 실행력이 좋고 추진력 있다고 하지만, 직장은 내 마음대로 쉽게 그만두거나 이직할 수 있는 게 아니었다. 첫 직장에서는 사회생활이 처음이었기 때문에 그만큼 힘든 일이 많았다. 업무 파악, 상사와 동료들 관계의 적응, 업무상의 의사소통 적응 등 해야 할 일, 알아야 할 일이 너무나 많았다. 그럼에도 불구하고, 이를 견디고 이겨내다 보니 좋은 날이 왔다.

두 번째 직장에서도 '내가 적응하고, 노력하다 보면 좋은 날이 오겠지'라고 생각했다. 긍정적으로 생각하다 보면 상황이 나아지리라 기대했다. 그러다가 좌절하는 날이 오면 또다시 마음을 긍정의 기운으로 채운 뒤, 이력서를 고쳐 쓰고, 취업 사이트를 들락날락했다. 이런 날이 몇 개월에 걸쳐 반복되었다.

힘든 직장 생활에서 동료들과 삼삼오오 저녁식사를 하며 많은 이야기를 나눴다. 내 상황을 지켜보며 위로해주는 동료, 견디면 좋은 날이 올 거라는 동료, 이직 준비는 하냐고 물어보는 동료 등 다양했다. 나는 앞으로 어떻게 해야 할지 고민했다. 더 나은 방법이 있는지 책을 찾아보았다. 회사가 내게 준 단 한 시간의 자유시간인 점심시간을 이용했다. 식사 후에는 더 이상 동료들과 외부로 나가서 커피를 마시며 잡담하지 않았다. 내 자리에 앉아 책을 읽기 시작했다.

내 삶이 힘들고 지칠 때, 가장 쉽게 시도할 수 있는 것이 책에서 그 답을 찾는 것이리라. 나는 닥치는 대로 자기계발서, 경제적 자유와 관련된 책을 찾아 읽었다. 첫 번째 선택은 자청의 《역행자》였다. 이런 책들은 도움이 될 만한 또 다른 책을 추천해주고 있었다. 그 이정표를 따라, 고이케 히로시(小池浩)의 저서 《2억 빚을 진 내가 뒤늦게 알게 된 소오름 돋는 우주의 법칙》을 탐독했다.

　그러던 중 김태광 작가의, 무자본으로 150억 원 부자가 된 스토리를 담은 책 《자본 없이 콘텐츠로 150억 번 1인 창업 고수의 성공 비법》을 접할 수 있었다. 그리고 이 책 끝에는 그의 휴대전화 번호가 적혀 있었다. '이 사람 참 특이하다, 재미있다'는 생각이 들었다. 그리고 그 번호로 "자동화 시스템을 구축하고 싶은데 시작을 어떻게 하면 될지 조언 부탁드려도 될까요?"라고 문자를 보냈다. 그리고 얼마 지나지 않아서 답변이 왔다! 그렇게 시작된 인연은 한국책쓰기강사양성협회(이하 '한책협')로 이어졌다.

　나는 분명히 자동화 시스템을 구축하고 싶어서 일대일 컨설팅을 신청했는데, 그는 책을 써야 한다고 했다. 그리고 보통 사람이 책을 써서 어떻게 성공했는지 나에게 보여주었다. 마음 한편으로는 믿으면서도, 다른 한 편으로는 의아해하며 '나도 책을 쓰리라'고 결심했다. 한때 작가가 꿈이었기에 이 또한 의미 있는 도전이 될 것이라고 기대하면서 말이다.

　　　　　　　　　　　　　퇴사 후 비로소 나를 찾았다

며칠 전까지 나는 신약 개발 연구원이었다. 마침내 대학생 때 꾸었던 원대한 꿈, 바로 그 직업을 갖게 됐지만, 내 인생 최악의 시간을 보냈다. 그동안 나는 역경을 인내하면서 수개월의 시간을 보냈다. 세상은 내게 숱한 시련을 주며 다른 인생을 살아보라고 신호를 줬지만, 내가 이를 알아채지 못했다. 최근에는 고강도의 시련을 주며 이제는 제발 다른 인생을 살아보라고 알려주는 것 같았다.

그동안 의식이 성장하면서 이 모든 역경은 역경이 아닌, 세상이 나에게 주는 기회로 받아들이게 됐다. 퇴사를 생각하는 퇴근길에 옅은 소나기와 함께 산 너머 선명한 무지개를 봤다. 그 밑에는 빛을 받은 하얀 구름이 떠 있었다. 마치 내 생각이 맞다고 호응해주는 듯했다. 그리고 그 순간, 나는 여기가 천국인가 착각을 불러일으킬 정도로 아름다운 장면을 보았다.

결국 그동안 해왔던 고민에 종지부를 찍었다. 그다음 날, 단칼에 회사를 정리했다. 이전에도 그랬고 지금도, 그리고 앞으로도 그럴 것이다. 내 생각과 고민 끝에 내린 결정은 결단력 있는 행동으로 실천할 것이다.

퇴사를 생각한 다음 날, 사직서에 사인했다. 그리고 내 시간을 회사에 허락받고 사용해야 하는 삶에서 탈출했다. 퇴사하고, 내 시간을 자유의지로 사는 내 일상은 매일이 소풍처럼 느껴진다. 내가 하고 싶은 일들로 가득한 내 시간, 그 당연한 삶을 이제야 실컷 누리고 있다. 요즘 난 하고 싶은 일을 하고, 만나고 싶은 사람만 만나면서 살고 있다. 그 삶이 행복한 건 두말할 필요도 없다.

책 쓰는 방법을 배웠고, 그에 따라 매일 꾸준히 책을 쓰고 있다. 이 책의 출간을 앞둔 작가의 삶을 살고 있다. 만약 내가 여전히 회사에 다니고 있다면 내 미래는 어떻게 흘러가고 있을까. 아마 다른 회사로 이직해 그저 그런 연봉을 받으며, 시간을 저당 잡힌 노예처럼 삶을 이어가고 있지 않을까.

나처럼 직장 생활에 회의를 느끼고 있다면 여유롭게 고민하고 그 고민 끝에 작은 행동이라도 빠르게 시작해보자. 그 작은 실천이 꿈꾸는 삶을 더 빨리 이룰 수 있는 시발점이 될 것이다.

나는 엄마에게 전화를 걸어 확실히 물어봐야겠다고 생각했다. 내가 어렸을 때 물어봤던 엄마의 꿈을 말이다.

"엄마, 꿈이 뭐랬지?"
"꿈? 아무것도 하기 싫어. 귀찮아."
"그래도 꿈이 뭐였는지 생각해봐."
"생각은 무슨 생각."

인생은 타이밍이다. 꿈도 마찬가지다. 생각에만 머물지 말고 행동으로 옮겨야 한다. 그렇지 않고 나이 들면 행동도 생각도 모두 흩어져 사라지게 될 것이다.

내가 제일 존경하는 엄마의 꿈을 찾아주고 싶다. 다시 상상할 수 있게 하고 싶다. 나는 또 고민하고 어떻게 해야 할지 생각할 것이다. 그리고 행동으로 실천할 것이다. 모두가 꿈꾸는 사회를 만들고 싶다. 여든둘의 노인일지라도 예외는 없다.

일단 시작하라.
단, 무모하지 않게

어떤 일을 시작할 때 사람마다 대하는 태도는 다르지만, 대체로 두 부류 중 하나일 것이다. 생각이 많거나 겁부터 내는 사람과 바로 실행하는 사람이다. 앞에서도 말했듯이 한번 해보면 아무것도 아닌 일이 대부분일 것이다. 여기서 중요한 것은 한번 해보는 것이다. 그래야 해볼 만한 일인지 아닌지 알 수 있다. 농부가 열매를 얻기 위해서는 씨앗을 심어야 하고, 건축가도 첫 삽을 떠야 집을 지을 수 있다. 우리의 인생도 이와 다르지 않다. 원하는 삶을 살기 위해서는 아주 작은 행동이라도 시작해야 한다.

내가 고등학생 때, 수능시험을 치르고 원예학과에 지원하게 된 계기는 막연히 조경이라는 분야가 재미있을 것 같아서였다. 지금 생각해보면, 식물에 대한 관심이 원예학과를 선택하게 한 것이었

퇴사 후 비로소 나를 찾았다

다. 그것이 씨앗이 되었다고 생각한다. 그렇게 약학대학원 천연약품학 전공으로 키워, 건강기능식품과 화장품 소재 개발 연구원으로 꽃피웠고, 신약 개발 연구원으로 열매를 맺을 수 있었다.

그 시작은 대학생 때였다. 그때 나는 제약회사 연구원이 되고 싶었다. 그 직업을 꿈꾸며, 무슨 용기였는지 주위에 말하고 다녔다. 지금 생각해도 나는 엄청난 몽상가였다. 주변 사람들에게 4차원이다, 엉뚱 발랄한 매력을 가졌다는 이야기도 종종 들었다.

원예학과 선배 언니가 한 명 있었다. 함께 풍물 소모임을 하며 더 가까운 사이가 됐다. 그 언니와 같이 길을 가다가, 내가 "이 꽃은 이름이 뭘까?" 궁금해했다. 그러면 그 언니는 사람 이름처럼 식물 이름을 서슴없이 모두 알려주었다. 그때 그 언니가 대단하다고 생각했다. 그래서 어떻게 하면 나도 식물 이름을 모두 아는 사람이 될 수 있는지 물어봤다. 돌아온 대답은 너무나도 간단했다. 그 방법은 관심을 가지고, 자주 보면 된다고 했다.

그 후로 나는 식물도감, 야생화 도감, 나무 관련 책 등 식물 관련 책자를 탐독하기 시작했다. 그러면서 식물들의 이름을 하나둘 알아갔다. 관심을 가지니 나도 자연스럽게 원예학도다운 지식을 쌓아갈 수 있었다.

그러던 어느 날, 고등학교 친구들과 만나서 함께 산책하게 되었다. 친구들이 길가에 있는 꽃 이름을 말하며 대화를 이어갔다. 그중 한 명이 "여기 계란꽃이 피었네"라고 했다. 나는 바로 대답하고 말았다. "계란꽃 아니고 개망초야." 원예학과 선배 언니처럼 나도 식물 이름을 모두 아는 원예학도가 되고 싶었고, 그렇게 되려고 노력했다. 그 시작으로 말미암아 나는 점점 더 식물을 사랑하는 사람으로 성장할 수 있었다.

어느덧 원예학과 졸업을 앞둔 시기가 다가왔다. 동시에 대학원 원서 접수 기간이 거의 끝나갈 무렵이었다. 그즈음 원예학과 선배 언니에게서 전화가 왔다. 지금 대학원 원서 접수 기간인데 약학대학원에 접수했냐고 묻는 전화였다. 순간 나는 정신이 번쩍 들었다. 넋 놓고 있다가 시기를 놓칠 뻔했던 것이다. 그 통화에서 선배 언니는 우리 과에서 약학대학원에 간 선배님이 있으니 전화해서 물어보라는 팁도 알려주었다. 어떻게 시작할지 몰라 헤맬 뻔했는데, 대학원 원서 접수 기간이라고 알려주고, 팁도 알려준 선배 언니가 너무 고마웠다. 그 즉시 선배 언니가 알려준 대로, 약학대학원에서 수학하고 있는 선배님에게 전화를 걸었다.

"선배님, 안녕하세요? 원예학과 01학번 황지혜라고 합니다."
"응, 알지. 무슨 일이야?"
"제약회사 연구원이 되는 게 꿈인데, 어디에 지원해야 할지 모르겠어요. 저는 야생화나 야생초가 약이 될 수 있다고 생각하고 그런 분야로 공부하고 싶어요."
"음, 네가 하고 싶은 분야는 생약학 쪽 같은데, 학교 홈페이지에 교수님의 연구실 전화번호가 있으니까 찾아서 전화해봐."
"네, 감사합니다!"

퇴사 후 비로소 나를 찾았다

나는 설레는 마음으로, 바로 교수님께 전화했고, 내 꿈을 말씀드렸다. 휴대전화 너머로 들리는 교수님의 목소리는 온화하고 따뜻했다. 교수님께서는 내게 연구실로 와서 이야기해보자고 하셨다. 그래서 바로 교수님 연구실에 찾아가 상담했다. 그리고 나는 대학원 입학을 위해 원서 접수를 마칠 수 있었다. 이렇게 농업생명환경대학 원예학 전공으로 졸업 후, 약학대학원 석사 과정을 시작할 수 있었다. 지금 돌이켜보면, 그 당시 "나는 약학대학원에 가겠다!", "그리고 제약회사도 가겠다"고 했던 말이 씨앗이었고, 나는 그 씨앗을 사방에 뿌려왔던 셈이다.

석사 2년의 과정은 내 선택에 의해, 내가 원하는 공부를 할 수 있었던 시간이었다. 이것이 어찌 재미있지 않을 수 있을까. 석사 과정에서 처음에는 '박층 크로마토그래피(Thin Layer Chromatography, 이하 TLC)'를 시작으로 각종 컬럼크로마토그래피를 이용한 분리 과정은 과학 놀이요, NMR 결과 해석은 퍼즐 놀이였다. 생약학 실습 수업은 조교로 참여하면서 약대생들을 돕기 위해 나는 더 많은 공부를 해야 했다. 다른 사람에게 알려주기 위해 하는 공부는 학습효과가 배가되었다.

교수님, 그리고 박사님들 덕분에 기본 지식, 실험 방법뿐만 아니라 인성이며 실력까지 갖춘 연구원으로 성장할 수 있었다. 특히 박사님들께서 좋은 말씀도 많이 해주시고, 나를 여기저기 데리고 다니며 긍정적인 사고를 할 수 있도록 선한 영향을 주셨다. 연구원으로서 처음 사회에 진출하기 전, 기본적인 것들을 석사 과정에서 몸소 체득할 수 있었다.

그렇게 알찬 2년을 보냈고, 어느덧 졸업이 다가왔다. 나는 일찌감치 내 논문을 마무리했다. 이제 제약회사에 갈 수 있는 기본적인 스펙을 마련해놓은 것이다. 석사학위라는 결과물을 만들어냈다. 이렇게 꿈을 이뤄나가는 과정은 시간과 노력이라는 투자가 필요하다는 사실을 깨닫게 되었다.

이제 이 결과물을 가지고, 또 다른 씨앗을 뿌려야 했다. 그 씨앗은 바로 입사를 위한 이력서를 작성하는 것이었다. 고등학생이었을 때, 매일 성실히 일정 분량의 공부를 해냈듯, 그렇게 매일 가고 싶은 회사를 검색하고 그 회사에 맞는 이력서를 작성했다. 이력서 작성은 처음이었기 때문에 어려움이 있었다. 그래서 이력서 샘플을 구했고, 나의 정보, 나의 이야기로 변형시켜가며 작성했다. 완성하고 나니 그럴듯하게 보였다. 이렇게 작성한 내 이력서를 가고 싶은 회사에 이메일로 보냈다.

얼마 지나지 않아 첫 면접이 잡혔다. 너무 신기했고 새로웠고 뿌듯한 감정에 사로잡혔다. 그리고 사회에 첫발을 내디딜 생각에 셀렘과 기쁨으로 가득했다. 물론 자존감도 높아졌고 긍정적인 기운도 더 높아진 것은 두말할 필요도 없다. 그러나 첫 번째 회사에서 좋은 소식은 들려오지 않았다. 몇 주가 지나고, 두 번째 회사의 면접에 응하게 되었다. 첫 면접의 실패를 되새기며 이번에는 반드시 입사하리라 마음먹고 말과 행동 모두 조심하며, 겸손한 태도를 유지했다. 무엇보다도 이 회사에 입사하고 싶다는 의지를 강력하게 표현했다. 결국 두 번의 면접을 거치고 입사에 성공할 수 있었다. 그리고 첫 직장이자 꿈을 이룬 이곳에서 15년 5개월 동안 일할 수 있었다.

비록 그것이 작은 열매라고 해도 결과를 이뤄냈을 때 성취감은 말로 표현할 수 없다. 성취감은 자존감을 높일 뿐만 아니라, 긍정적인 생각의 원동력이 되는 것은 물론이다.

그 결실을 위해, 지금부터라도 시작해야 한다. 미미하나마 씨앗을 뿌리는 행위가 있어야 하는 것이다. 오리슨 S. 마든(Orison Swett Marden)은 그의 저서 《아무도 가르쳐주지 않는 부의 비밀》에서 다음과 같이 말하고 있다. "비전은 인생의 설계도다. 그것을 실현하기 위해 끈기 있게 노력하지 않으면 설계도는 어디까지나 설계도일 뿐이다. 건축가의 손에 의해 실현되지 않는 한 건축가의 기획은 그저 그림으로 끝나는 것과 마찬가지다."

그리고 나 역시도 어떤 일을 시작하고자 하는 이들에게 꼭 말해주고 싶다. '일단 시작하라. 단, 무모하지 않게'라고 말이다.

나는 돈보다
더 중요한 것이 있다고 믿는다

나는 졸업 후 사회인이 되어 일하는 건 당연하다고 생각했다. 그렇기에 일하면 돈은 저절로 들어오는 것이라고 여겼다. 이런 생각을 가지고 사회 초년생이 된 나는 돈이 없으면 없는 대로 있으면 있는 대로 썼다. 소비가 많거나 적거나 딱 그만큼의 돈이 내게 주어졌기 때문이다. 더 욕심낼 필요도 없었다. 그래서 내 꿈이 무엇인가에 더 비중을 두었다. 하지만 차츰 돈을 많이 벌었으면 좋겠다고 생각했다. 내가 원하는 일을 하면서 경제적으로 풍족한 삶을 살고 싶었다.

이 세상에 태어나 풍요롭게 사는 것, 누릴 수 있는 것은 모두 누리며 사는 것, 대부분의 사람들은 그런 풍족한 삶을 살고 싶을 것이다. 그것을 가능하게 해주는 것이 바로 돈이기 때문에 돈도 우리 삶에서 매우 중요한 것임은 분명하다. 돈이 있으면 내가 꾸는 꿈을 더 빨리 이룰 수 있다. 전문가에게 배움으로써 시간도 절약할 수 있다. 내가 그동안 비용을 지불해가며 사방팔방 다녔던 이유가 그것이다. 이렇게 돈은 삶을 영위하는 데 필요할 뿐만 아니라, 내게 부족한 것을 배울 수 있는 재료로서 중요한 수단이 된다.

나는 첫 직장에 입사해서, 천연물 소재 개발 연구원이라는 타이틀을 얻었고, 이전과는 다른 풍요로운 삶을 살았다. 적지 않은 연봉을 받으며, 사람들의 건강과 아름다움을 위해 자연에서 그 소재를 찾고 소재로 만들어내는 연구원으로 일했다. 내가 참여한 프로젝트를 통해 개발된 소재가 제품화되어 사람들에게 사용되기도 했다. 그러자 내가 더 나은 세상을 만든다는 사실에 사명감을 갖게 되었다. 소재 개발 연구원으로서 뿌듯함도 느꼈다.

그렇지만 입사 후 회사생활에 적응 하다 보니 그게 전부가 아니었다. 결과를 내야 했고, 그 결과로 업적을 평가받았다. 그로 인해 연봉이 결정되며, 때로는 승진에 영향을 주기도 했다. 나를 포함한 연구직 회사원들에게는 회사에서 더 높이 올라가야 하는 숙제가 기다리고 있었다.

입사 후 일 년이 되면 대부분 대리로 승진한다고 했다. 그런데, 나는 그 '대부분'에 포함되지 못했고, 연봉과 직급이 그대로였다. 그때 좌절감을 맛봤다. 당시 입사 동기였던 두 분 모두 그때 승진했는데, 나는 그렇지 못했기 때문이었다. 그 후 일 년이 더 지나고서야 나도 승진이 되었지만, 그로 인해 어떤 결핍 같은 것이 생겼다.

사람마다 다르겠지만 때가 되면 승진하고, 더 많은 연봉을 받길 원한다. 그에 따른 책임이나 스트레스의 분량이 높아질지언정 말이다. 나는 더 풍족한 삶을 위해 연봉이 높아지길 바랐고, 더 높은 직급에 오르길 원했다. 그 당시 나는 승진하는 것이 가장 바라고 원하는 일이 되었다. 그렇지만 좌절의 경험 때문에 승진 시기가 되면 기대 반 포기 반의 마음으로 기분이 복잡해지곤 했다.

승진이 안 되면 '주는 대로 받아야지, 이만큼 주는 게 어디야'라고 생각했지만, 한편으로는 '만약 승진시켜주지 않으면 일도 그만큼 적게 하리라' 다짐했다. 첫 승진에서 좌절되니 그것을 가난한 생각으로 바꾸어버린 것이다. 비록 내가 승진하지 못했더라도 사수와 팀장님이 승진하는 모습을 보며 축하해주었고, 다음에는 내 차례가 되겠지 생각했다. 그렇게 나의 열망을 겸손함이라는 미덕으로 가리고 자제했다. 나는 승진해서 더 높은 연봉을 받고 싶은 마음을 표현하지 못했다. 나는 끊임없이 성장하고, 지금보다 더 잘살고 싶은 욕구가 강한 사람이었다.

분명 나는 내가 생각했던 일 중에서 제약회사 연구원이 연봉이 제일 높고, 재미있는 일이 될 거라고 생각했다. 그렇게 연구원을 꿈꾸고 그 꿈을 이뤘지만, 승진이라는 허들로 인해 사회생활에서 첫 시련을 맛보게 되었다. 그 후에 나는 더 중요한 무엇인가가 있다고 믿기 시작했다. 그래서 연구원으로 일하면서, 다른 꿈을 꾸기 시작했다. 그 꿈의 시작은 유니세프였다. 그들과 한 팀이 되어 전 세계 어린이를 돕는 일을 하고 싶었다. 그렇게 보람찬 인생을 산다면, 승진 같은 건 안 되도 괜찮을 거라고 생각했다.

연구원으로서 느끼는 보람도 있지만, 직접적으로 느낄 수 있는 또 다른 가치 있는 일을 찾았다고 생각했다. 내 일이 전 세계 어린이들의 삶이 조금이라도 나아지도록 돕는 것이고, 실제로 그들의 삶이 나아지는 모습을 본다면 그 일에 자부심을 느끼리라.

그렇게 나는 내 일도 하면서 나 혼자만 잘 사는 것이 아닌, 함께 잘 사는 세상이 되길 바랐다. 함께 잘 사는 세상을 만드는 데 내가 조금이라도 보탬이 된다면 좋겠다고 생각했다. 그뿐만 아니라 유니세프의 연봉은 당시 연구원인 내 연봉보다 훨씬 높았다. 내가 좋아하는 일, 선한 영향력을 끼치는 일, 게다가 연봉까지 높은 그곳에서 일하고 싶었다. 여행을 좋아하기 때문에, 여러 나라를 다녀야 하는 것은 수고로움이 아니라고 생각했다.

그래서 그들과 어떤 작은 연결고리라도 만들고 싶은 마음에 후원을 시작했던 것이다. 어디선가 '내가 번 돈의 1% 정도를 기부하라'는 문장을 봤고, 마음에 새기고 있었다. 그 문장대로 나는 얼마 되지 않지만 꾸준히 기부하고 있었다. 그 사실을 잊고 지낸 지 10년이 되었다. 얼마 되지 않는 금액이지만, 후원을 지속하니 그에 대한 보답이었는지, 감사장을 받았다. 그 엽서만 한 감사장을 보고 뿌듯했던 기억이 있다.

몇 달 전 후원을 최소 금액으로 바꿨고 최근까지 그대로 이어가고 있었다. 길을 가는데 우연히 유니세프 관계자 한 분이 스티커 하나를 붙여달라고 다가왔다. 그리고 그분 덕분에 다시 정기후원을 예전만큼 증액할 수 있게 되었다. 언젠가 정기후원을 다시 늘려야겠다고 생각만 하고 있었는데, 유니세프의 적극적인 후원 홍보 활동 덕분에 나의 생각을 빠르게 실현할 수 있었다.

　수많은 꿈을 꾸었고, 꿈이 없으면 꿈을 만들었다. 그리고 그 꿈을 이루기 위해 실천하고 행동해왔지만, 어느 하나 내 마음에 빈 공간을 채워주는 것은 없었다. 나는 그 빈 공간을 채우기 위해 그렇게도 숱하게 꿈을 좇아 살았나 보다. 그 숱한 꿈을 꾸고 이뤄가면서도 방황했던 이유, 꿈을 이루고 난 다음의 꿈이 없었던 지난날을 뒤로하고, 이제 나는 다시 꿈꾼다.

　매달 일억 원을 버는 작가가 된다. 천억 원을 가진 자산가가 되면 무슨 사업이든 할 수 있을 것 같다. 꿈을 이루어주는 행복한 어린이 교육센터를 세운다. 그렇게 어린이날을 만든 제2의 방정환 선생님과 같은 사람이 된다. "조선의 소년 소녀 단 한 사람이라도 빼지 말고 한결같이 '좋은 사람'이 되게 하자"라는 방정환 선생님의 말씀처럼 모든 어린이를 행복한 성공자로 키우는 교육센터를 설립하는 것이다.

　어린이들은 아직 의식이 말랑말랑한 존재다. 그러므로 교육을 통해 자신이 또 하나의 우주라는 사실을 깨달을 수 있도록, 원하는 것은 무엇이든 할 수 있다는 의식을 심어주고 싶다. 그리고 현재의 어린이뿐만 아니라, 미래에 태어날 어린이들을 위한 투자도 한다. 그 프로젝트의 일환으로, 어린이들이 깨끗한 공기와 푸르른 자연 속에서 뛰어놀 수 있도록 환경조성사업에 내가 번 돈의 10%를 투자한다. 나무 심기, 자연 놀이터 만들기, 숲속 학교 만들기, 어린이 도서관 만들기가 그 대상들이다.

꿈을 꾸고, 그 꿈 너머 꿈까지 마련하니, 마음의 풍요와 함께, 행복한 나날의 연속이다. 그리고 무엇보다 내가 하고 싶은 일을 하므로 너무 즐거울 것 같다. 일이 일로 느껴지는 게 아니라, 하나의 가치 있는 놀이라는 생각이 든다. 무슨 일을 하고 누구를 만나든 확신에 찬 모습으로 긍정 에너지를 전해줄 수 있을 것 같다. 이런 기분으로 무슨 일이든 척척 진행한다.

물론 사람에 따라서 지금의 삶에 만족하며 소소한 행복을 느끼며 사는 사람도 있을 테지만, 자신이 경제적으로 풍요롭게 살고 싶고, 더 성장하고자 한다면 다시 한번 생각해볼 필요가 있다. 인생의 시련이 왔다면 그것이 전환점이 될 수 있다.

그때 생각해보자. 나의 소명은 무엇인지. 그리고 나의 소명대로 살아간다는 것은 어떤 의미가 있는지. 당신이 자신만의 소명을 찾길 바란다. 선한 영향력을 주고, 사회에 도움이 되는 일, 혹은 자신만의 소명을 찾게 된다면 지난날의 나처럼 방황하고 공허한 삶은 더 이상 없을 것이다.

돈으로 살 수 없는
가치를 추구하자

　　이 글을 쓰고 있는 나는 책쓰기 과정을 수료했고, 본격적으로 책을 쓰고 있다. 더불어 의식성장을 위해 공부하기 시작했고, 지금도 그 과정에 있다. 신약 개발 연구원으로 두 번째 직장을 다닌 지 일 년도 안 된 시점에 퇴사하고 말이다.

　　퇴사한 다음 날부터 내 상태는 그야말로, '들뜬상태(Excited State)'였다. 들뜬상태는 '양자역학(Quantum Mechanics)'의 용어로 '바닥상태(Ground State)'를 제외한 모든 에너지 상태를 일컫는다. 바닥 상태에 비해서는 에너지 수준이 높기 때문에 불안정한 상태'라고 정의된다. 이 에너지 상태는 에너지보존 법칙에 의해 바닥상태 혹은 기저상태로 돌아가려는 성질이 있다.

　　나는 그 가운데 들뜬상태의 에너지를 느끼고 있다. 관련 도서를 구매해 탐독하며 동기부여가 되는 글을 보고 영상을 찾아보기를 즐긴다. 심지어 내가 작은 창조주라고 부르는, 다섯 살 된

둘째와 단둘이 양자역학 세미나를 들으러 가기도 했다. 어떤 끌림에 의한 것인지 모르겠지만 말이다. 그 세미나가 끝날 무렵겨우 도착할 수 있었다. 강연을 듣는 청중은 다름 아닌 어린이들이었다. 나와 둘째가 도착했을 때 질의응답 시간이 시작되고 있었다. 나는 그들의 질문이 끝나기를 기다렸다. 그들의 시간을 뺏고 싶지 않았다. 결국 사인을 받고 싶거나, 교수님과 사진 찍고 싶은 사람, 질문을 더 하고 싶은 사람에게도 시간을 허락해주어 질문할 수 있었다.

"교수님 안녕하세요? 황지혜 작가라고 합니다."
"네, 안녕하세요?"
"에너지 상태 중에 들뜬상태가 있지 않습니까? 그 상태는 에너지 보존 법칙에 의해 바닥상태가 되려고 하지요?"
"그렇죠."
"그런데, 그 들뜬상태가 에너지 폭발로 이어질 수도 있을까요?"
"뭐, 외부에서 자극이 있다면 그럴 수 있겠죠."
"아, 그렇군요. 감사합니다."

나는 며칠째 이어지고 있는, 이 흥분된 상태에 대해 전문가의 의견을 듣고 싶었다. 그리고 때마침 전문가의 답을 듣고 깨달았다. 모든 것은 에너지로 그리고 그 에너지의 파동으로 이루어져 있다. 에너지의 파동 속에서 살아가고 있는 나는 들뜬상태이고, 외부 자극에 의해 내부적으로 무한 폭발을 경험하고 있었다.

나를 외부 자극이 있는 환경에 두었고, 들뜬상태는 멈추지 않았다. 들뜬상태에서 오는 자극들은 모두 내 안에서 엄청난 폭발로 이어졌다. 한동안 그 흥분된 상태가 지속되었다. 우주에서 일어난 태양 폭발이 이런 느낌일까? 아주 미세하게나마 그렇게 느낄 수 있었다. 나만 느끼는 내부 폭발과 함께 며칠간 약간의 두통이 있었다.

평소에 감정이 풍부했던 이유인지 눈물이 많았던 나는 그때부터 눈물을 흘리는 대신 소름 돋는 경우가 많아졌다. 조금이라도 감정이 요동치는 순간이 오면 눈물을 떨구던 내가 이제는 그 감정의 파동이 눈물 대신 깨달음에 의한 온몸의 전율로 바뀌고 있었던 것이다. 그만큼 눈물 흘리는 횟수는 줄었고, 소름 돋는 일이 많아졌다.

내게 오는 자극들은 동기부여가 되고, 그 동기부여로 스스로 깨닫는 일이 많아졌다. 내 의식의 그릇도 점점 확장됨을 느꼈다. 최근에 나는 우리에게 일어나는 일들은 스스로가 끌어당김으로써 일어난다는 '끌어당김의 법칙'에 매료되었다. 그런 연유에서인지 나는 리조트 회원권을 원하게 되었다. 나는 그 리조트의 사진을 보며 정말 천국 같다고 생각했다. 나도 그런 천국 같은 곳에서 휴가를 보내고 싶었다. 우리 가족과 함께 그곳에 머물고 싶었다. 그래서 회원권을 문의하기에 이르렀다.

내가 집을 살 때 계약금인 집값의 10%에 해당하는 금액만으로 내 소유로 만들었듯, 리조트 회원권도 10%의 계약금으로 가질 수 있겠다 싶었다. 우주시스템에 의해 나는 간절히 원했고, 이제 갖기만 하면 될 거라고 생각했다. 자연스럽게 나머지는 해결되리라고 철없는 생각을 했다.

하지만 부자들의 생각은 달랐다. 지금은 부동산을 가지고 있으면 안 된다고 했다. 성공자의 삶을 살고 있으며, 건물주이기도 한 인생 멘토가 조언을 해주었다. 자신도 매달 월세를 받고 있지만, 부동산 사기, 금리인상 같은 연유로, 전세로 들어왔던 사람들이 모두 나가려고 하고, 이제는 월세로 입주하려고 하는 추세라고 조언해주었다. 그만큼 불안심리가 크니, 현금으로 가지고 있어야 한다는 것이다.

그러다가 최근 출간된《왜 불편한 관계는 반복될까?》의 저자 금선미 작가님의 조언을 육성으로 들을 기회가 있었다. 그녀는 내게, "지금 가짜 욕망이 올라와 있는 때다. 이것들을 걷어내면, 진짜 소망하는 것들이 올라오게 된다. 그때, 그 가치 있는 것, 소망하는 것에 돈을 쓰라"고 말씀해주셨다. 그 천금 같은 말을 들으니 확실히 깨달았다.

가장 가까운, 선배 작가님의 말을 들으니 훨씬 더, '번쩍' 정신을 차릴 수 있었다. 아무리 겪어본 사람들이 이야기를 해줘도 나 같은 보통 사람은 알아듣지 못했던 것이다. 그 충고가 너무 직접적이고 간결한 고급 정보이기에 그릇이 되는 사람만 받아들일 수 있는 것이다. 나는 그 충고를 이미 한 번 들었지만, 리조트 회원권 담당자의 전화를 받고 또 들썩이다가 계약 미팅까지 잡아버린 것이다.

닐 도널드 월쉬(Neale Donald Walsch)의 저서 《신과 나눈 이야기》에서는 신도 내가 원하는 것을 원한다고 했다. 그리고 내가 욕망하는 이유는 그것을 가질 때가 되었다는 것이라고도 했다. 나는 모든 것을 의심 없이 믿고, 좋은 것만 가져다가 내게 적용해서 엄청난 꿈에 부풀어 있었다. 가짜 욕망을 못 알아보고, '우주시스템이란 것이 존재하는가'를 어쩌면 시험해보고 싶었는지도 모른다. 나는 '긍정을 뛰어넘는 초긍정 자아를 가진 인간이자, 경험하고 실패해야 그제서야 깨닫는 체험형 인간'이었다.

그런 지난날의 내 모습을 정확하게 집어내고, 그런 내게 인생 멘토가 해준 현실적인 조언을 가볍게 여긴 것이다. 인생 멘토들이 그런 말을 할 때는 그만한 이유가 있다. 모든 것을 쉽게 생각했다. 그동안의 내 삶은 모든 것을 경험해보고, 그로 인해 깨달음을 얻었다. '믿고 가야지. 인생 멘토들이 해주는 말을 들어야지.'

지금까지 내가 이렇게 살아온 것은 내 결정에 의해서였다. 그렇기에 이렇게밖에 살고 있지 못하는 것이다. 성공을 원한다면 이번에는 성공자의 조언대로 해보리라고 마음먹었다. 김도사, 권마담의 저서 《새벽 5시 필사 100일의 기적》에서는 다음과 같이 말하고 있다. "당신이 아직 성공하지 못했거나 부자가 아니라면 당신의 생각을 쓰레기라 여겨라. 나보다 성공한 사람, 그것도 최고의 위치에 있는 사람에게 부의 공식을 배워라. 그리고 무조건 시키는 대로 해라. 당신은 최고 위치의 사람이 이루어놓은 기간보다 더 빨리 이룰 수 있는 시간을 번다. 귀한 경험과 지혜를 얻는다면 그만큼 시간을 버는 것이다."

결국 나는 리조트 회원권 계약 미팅을 취소했다. 그때 취소하지 않고, 리조트 회원권을 얻기 위해 계약을 지속했다면, 나는 잔금을 마련하느라 애쓰고 있었을 것이다. 돈을 아꼈고, 무엇보다 시간을 아꼈다. 이 모든 것이 인생 멘토들의 사랑이 담긴 조언 덕분이다. 이 조언이 없었다면 나는 또 실패하며 깨닫는 체험형 인간으로 삶을 지속하고 있었을 것이다.

오늘도 내가 행복을 선택할 수 있게 도와준 인생 멘토들에게 감사하다. 이 사랑에 대한 보답을 어떻게 해야 더 잘 나눌 수 있을지 고민해봐야겠다. 사랑에 대한 보답은 사랑이리라. 이 모든 것은 돈으로 살 수 없는 것이다.

제2장

놉대생, 신약 개발
연구원이 되다

확신은
의지보다 강하다

자신이 하고 싶은 일이 있을 때, 생각하는 방식에 따라 두 부류로 나눌 수 있다. 첫 번째는 '하고 싶다'라고 생각하는 부류다. 하고 싶다는 의지로 이것저것 찾아보거나 자신이 처한 상황을 생각하기도 하고, 다른 사람에게 물어보기도 한다. 그러다 보면, '할 수 있을까?'라는 의심이 싹틀 수 있다.

반면, 나는 '이 일을 해야겠다', '한다'는 마음가짐으로 시작하는 부류다. 이런 마음가짐을 가진 자는 구체적인 실행 방법을 생각한다. 더 나아가 그 방법을 실천하기까지 시간이 오래 걸리지 않는다. 그리고 이전과 전혀 다른 상황을 맞이할 수 있다.

대학교 2학년 때 나는 제약회사 연구원이란 꿈을 꾸었다. 그 꿈을 이루기 위해 숱하게 '약학대학원에 간다'고 주위에 말하고 다녔다. 그 당시 나는 약학대학원에 가고 싶다는 것을 의지보다 더 강한 확신으로 말했다. 왜냐하면 꿈을 이루기 위해 약학대학원은 필수 과정이라 여겼기 때문이다. 심지어 난 어느 전공을 해야 하는지, 그 분야에서 최고 권위 있는 교수님은 누군지조차도 몰랐다. 그것을 이룰 수 있는 방법을 알지 못할 때부터 꿈을 말하기 시작했던 것이다.

나는 주위 친구들이 뭐라든 신경 쓰지 않았다. 왜냐하면 확신에 차 있었기 때문이다. 내 마음은 그 어느 때보다 안정되고 행복했다. 내가 생각하고 계획한 꿈이 있었기 때문이리라. 그런 마음 상태가 되니, 어렵기만 했던 대학교 시험 공부도 쉽게 할 수 있었다. 어떻게 해야 점수를 잘 받을 수 있을까 생각하니 자연스럽게 그 방법을 연구하게 되었다. 그 이후 대학교 졸업할 때까지 나는 점점 더 나은 성적을 받을 수 있었다. 그리고 내가 하고 싶은 공부와 할 일들이 선명해지기 시작했다.

약학대학원 석사 졸업을 하게 되면, 연구원이 될 수 있다. 가끔 내게 약학대학원을 졸업하면 약사가 될 수 있느냐고 묻는 경우가 있다. 나처럼 약학대학원 석사 졸업만 해서는 약사가 될 수 없다. 약사가 되려면 약학사 학위를 받고, 약사 국가시험에 응시해야 한다. 대한약사회는 응시 자격을 약사법 제3조 제2항 각호에 의거, 약학을 전공하는 대학을 졸업하고 약학사 학위를 받은 자, 그리고 보건복지부장관이 인정하는 외국의 약학을 전공하는 대학을 졸업하고, 외국의 약사 면허를 받은 자로 제한하고 있기 때문이다.

내가 가고자 했던 길은 연구원이어서 약학사 학위를 취득할 필요는 없었다. 목표하는 바가 뚜렷하니 가장 쉽고 빠른 길을 선택할 수 있었다. 석사 과정을 시작으로 연구원이 되기 위한 초석을 다졌다. 그리고 16년이라는 시간을 연구원으로 지냈다. 첫 직장에서 15년 5개월, 두 번째이자 마지막 직장에서 10개월 동안 근무했다.

최근 나는 꿈이 없는 삶은 어떻게 유지되는가 몸소 체험할 수 있었다. 내가 꿈을 꿀 수 있는 사람이었던가 잊을 정도로 꿈은 희미해졌고, 원하는 것 없이 무의미하게 사는 삶의 연속이었다. 생각하는 대로 살지 않으니, 사는 대로 생각했다. 힘들어도 억지로 버티며 살았다. 긍정적이니까 좋은 면만 보면서 참고 애쓰며 견딘 것이다. 내가 하고 싶은 일이 아니어도, 배우는 것은 뭐든 좋은 것이라고 여기며 최선을 다했다. 시간이 지나면 괜찮아질 거라고 안일한 생각으로 연명하며 지냈다. 일이 잘되려면 모든 것이 물 흐르듯 자연스러워야 하는데 나는 그렇지 못했다.

이노우에 히로유키(井上弘之)는 저서 《배움을 돈으로 바꾸는 기술》에서도 괴로운 공부는 아예 하지 않는 것이 낫다고 말하고 있다. 이를 악물고 노력한다거나 하고 싶은 일을 참으면서 하는 노력은 자신의 속마음을 배신하는 것이기 때문에 결실을 맺지 못할뿐더러 의도와는 정반대의 결과를 초래할 수 있다고 그는 말한다. 따라서 괴로운 노력, 힘든 노력은 하지 않는 것이 좋고, 아니, 해서는 안 된다고 그는 강력하게 말하고 있다.

나는 이것을 모르고 이에 역행하며 살았다. 그러니 힘들 수밖에 없었다. 사회생활을 16년 이상 했지만, 모르는 게 너무 많았다. 그래서 힘든 일이 있을 때마다 책을 찾아보며 위안을 얻었다. 책에서 그 해답을 직접 얻기도 하고, 때론 지혜를 얻기도 했다. 그렇게 회사에 다니면서 섭렵한 책들을 통해 지금 이 생활에서 벗어날 수 있는 방법이 있을까? 생각하기 시작했다.

그리고 책을 보며, 다시 꿈꿀 수 있을 거라는 기대가 점점 커져갔다. 책을 통해 '한책협'과의 인연을 시작했다. '한책협'의 김태광 대표는 25년 동안 300권의 책을 집필했고, 12년 동안 1,200명이 넘는 평범한 사람들이 자신의 스토리를 책으로 쓰고 행복을 찾아가는 과정을 서포트하는 대표코치였다. 그는 출판가이드시스템 특허를 보유하고 있다. 이 사람에게 배우면 금방 책이라는 결과물을 얻으리라는 생각이 들었다. 너무나도 확실한 결과물로 그는 자신을 당당하게 홍보하고 있었다. 내가 그를 선택한 이유다. 얼마 전 그는 글쓰기 훈련 시스템 특허도 획득하고 책쓰기 일타코치로 성장하고 있다.

그렇게 책쓰기 과정에 등록했고 작가의 꿈을 다시 키우기 시작했다. 책쓰기 과정은 엄청난 속도로 진행되었다. 해야 할 과제가 만만치 않았지만 그만큼 결과가 나왔다. 결과가 바로 나오니 힘들지만 너무 즐겁고 행복했던 것이다. 회사에 다니면서 책쓰기 과정 수업이 있는 목요일이 되길 목이 빠지도록 기다렸다. 그렇게 계속될 것만 같았던 책쓰기 과정은 금세 끝났다. 책쓰기 과정을 수료하니 내 책이 너무 쓰고 싶었다. 그동안 소망해왔던 일과는 비교가 안 될 정도로 그 작업을 간절히 원하고 있었다.

책쓰기 과정 후, 아쉬운 마음에 의식 성장 수업도 이어서 듣기 시작했다. 그렇게 시작된 의식 성장 수업을 통해, 내 의식이 깨어남을 느낄 수 있었다. 쪼그라들었던 내면의 나를 일으켜주는 시간이었다. 내가 우주의 중심이라는 것을 진심으로 느꼈다. 내면에서 자신감이 올라왔다. 김태광 대표코치는 의식 성장 수업에서 모두에게 퇴사하지 말라고 조언했는데, 이미 난 퇴사를 계획하고 있었다.

두 번째 직장은 첫 직장보다 높은 연봉을 받았다. 하지만 책임연구원이란 직급으로 신입 연구원보다 못한 대우와 업무를 이어가던 날의 연속이었다. 그날은 퇴근하면서 퇴사 생각으로 너무 행복했다. 내 인생에 대한 확신으로 가득찼다. 나는 비로소 어두운 동굴에서 빠져나온 느낌이었다. 세상이 너무 밝아 보였다.

그날 밤, 아침에 출근해서 대표님께 어떻게 말할지 생각했다. 가장 단순하면서도 확신에 찬 한 문장으로 말하고 싶었다. "퇴사하고 싶습니다", 이게 아니고…, 음… "퇴사하겠습니다" 그래 이거다! 이 문장이다. 의지가 아닌 확신에 찬 문장을 생각해낸 내가 기특했다. 그리고 잠들기 전 되뇌었다. '퇴사하겠습니다, 퇴사하겠습니다, 퇴사하겠습니다.' 입가에서 새어 나오는 웃음이 멈추질 않았다.

퇴사를 다짐한 다음 날, 출근하자마자 책상을 정리했다. 이런 결말을 예상이라도 한 듯, 입사한 날부터 내 물건을 사무실 책상에 두지 않았다. 매일 퇴근할 때마다 책상 정리를 깨끗하게 하는 것을 습관화했다. 서랍 속에는 회사에서 쓸 물건만 가지런히 넣어놓았다. 그래서 퇴사를 앞두고 서랍 정리는 순식간에 끝낼 수 있었다. 서랍 속에 있던 연습장, 메모지 같은 자질구레한 모든 물건을 버렸다. 내 명함을 마지막으로 버리면서 책상 정리를 끝냈다. 회사에서 내가 들고 나갈 물건은 내가 가져온 가방뿐이었다.

정리를 마무리한 후 대표님 방문을 두드렸다. 대표님 책상에서 두어 걸음 떨어진 위치에 서서 입을 열었다.

"퇴사하겠습니다."

그렇게 나는 퇴사 절차를 밟았고, 전 직원에게 인사하고 회사를 벗어나기까지 한 시간 남짓 걸렸다. 면접을 본 날 입사가 확정됐던 속도만큼 퇴사를 결심하고 퇴사하기까지의 속도도 남달랐다. 신약 개발 연구원으로서의 10개월이라는 시간이 이렇게 마무리되었다.

진정으로 원하는 일, 그 일에 대한 확신이 있으면, 그에 따른 말과 행동 등 모든 것이 자연스럽고 명확하다. 그것은 간단하면서도 강력하다. 이제는 이전과는 다른 삶을 살아보리라. 의지보다 확신으로 가득한 인생을 살아가리라.

그런 확신에 찬 인생은 내가 앞으로 무슨 공부를 하고 무슨 일

퇴사 후 비로소 나를 찾았다

을 할지 자연스럽게 길을 알려주리라. 확신에 찬 대학교 2학년이던 내가 확신에 찬 마흔이 되어서 깨달은 것이 있다. 원하는 일을 이루기 위해서는, 자신이 생각하고, 계획하고, 하고 싶다는 마음까지 모두 내면에서 일어나야 한다는 것이다. 모든 것이 나로부터 시작되어야 한다. 그것이 확신이 되면 그다음은 자연스럽게 성공으로 이끌어주기 때문이다.

꿈을 적으면
얻는 것들

　　현재 내 롤모델은 베스트셀러 작가이자 크루즈 여행가이고, 모든 사람에게 영감을 주는 동기부여가 권동희 작가다. 그녀는 불우한 학창 시절을 보냈지만, 긍정적인 마인드와 열정을 가진 자기계발 끝판왕으로 200억 원 자산가로 성공자의 삶을 살고 있다. 그녀의 저서《나는 워킹홀리데이로 인생의 모든 것을 배웠다》에서도 말하고 있다. 그녀도 오래전 지인에게서 선물받은 헨리에트 앤 클라우저(Henriette Anne Klauser)의 저서《종이 위의 기적, 쓰면 이루어진다》를 읽고, '할 수 있다'는 자신감이 솟았고, 꿈과 목표를 노트에 적었다고 한다. 현재 나뿐만 아니라 많은 이들에게 동기부여를 해주고 있는 그녀의 삶을 보면, 그녀의 시작에도 꿈을 적는 과정이 있었다는 것을 알 수 있었다.

　　고이케 히로시의 저서《2억 빚을 진 내가 뒤늦게 알게 된 소오

퇴사 후 비로소 나를 찾았다

름 도는 우주의 법칙》이라는 책에서도 이와 비슷한 사례가 있었다. 그의 친구 중 어린 시절 작가의 꿈을 가진 친구가 있었다고 한다. 그녀는 이과 계열의 전문대학 출신이었지만, 프리랜서를 거쳐 잡지사의 정식 기자가 되었다. 마침내 '작가'가 되었고, 자신의 일기장에 당시 목표를 적었다고 한다. '27세에 상경한다. 30세에 프리랜서가 된다. 35세에 내 책을 출간한다'라고 적었고, 실제로 26세에 프리랜서가 되었고, 30세에 자신의 책을 출간했으며, 30세에 상경했다고 한다.

순서가 바뀌기는 했지만 모두 원하는 대로 이루어진 것이다. 이처럼 책을 통해 혹은 지인들의 이야기를 통해, 꿈을 종이에 적는 순간 현실이 된다는 것은 수많은 사례에서 보여주고 있다. 나 역시 꿈을 적었기 때문에 이룰 수 있었다고 생각한다.

고등학교 2학년 겨울쯤부터 다행히 나는 공부에 재미를 붙였다. 공부하는 중간중간 창밖을 볼 때마다 계절이 바뀌어 있는 경험을 했다. 그렇게 공부한 결과 지방 국립대학교에 입학할 수 있었다. 입학과 동시에 고삐 풀린 망아지처럼 신나게 놀러 다녔다. 그리고 단과대학 풍물 소모임에 가입했다. 고등학생 때 풍물 동아리를 만들어 활동했는데 그때의 추억과 즐거움을 이어가고 싶었나 보다.

단과대학 풍물 소모임에 가입하고 매일같이 장구 연습을 했다. 연습을 마친 후 이어진 뒤풀이는 너무 재미있었다. 아무 걱정 없이 웃고, 떠들고, 먹고, 마셨다. 그러면서 선배님들, 동기들과 친목을 쌓았다. 풍물 소모임은 나를 포함해서 6명이었기에 어느 다른 풍물패보다 끈끈한 관계가 되었다. 그렇게 매일 만나면서 더 가까운 사이가 되었다.

어느 날 풍물 소모임에서 가까이 지내던 언니 집에 놀러 가게 되었다. 그 집 벽에는 '4억 원 벌기'라고 쓰인 A4 종이 한 장이 붙어 있었다. 그 종이는 선배 언니 어머니가 적어서 붙여놓은 것이었다. 20년이 지났음에도 그 문구는 잊히지 않는다. 그때 그 종이의 문구를 봤을 때, 이뤄질 것 같은 느낌이 들었다. 아직도 생생히 기억하는 이유다. 그 후 그 언니네는 청주에서 제일 비싼 아파트로 이사했고, 현재는 그 종이에 적혀 있던 금액보다 더 큰 부를 이뤘으리라고 짐작해본다.

당시 '4억 원 벌기'라는 소망을 종이에 적어놓은 것을 보며, 나도 꿈을 종이에 적어야겠다고 생각했다. 그리고 얼마 지나지 않아, 나는 대학교 2학년이 되었고 종이에 '제약회사 연구원'이라는 꿈을 적었다. 그리고 꿈을 자연스럽게 말하기 시작했다. 꿈을 적고 나자 그것은 내 가슴속에 각인되었다. 각인된 꿈은 나로 하여금 자연스럽게 다음 행동으로 인도했다. 그렇게 지인의 도움으로 약학대학원에 진학할 수 있었고, 석사 과정에서 어려울 수 있는 공부를 재미있게 하고 졸업할 수 있었다. 그리고 가고 싶은 회사를 선택했고, 연구원으로 첫 사회생활을 시작할 수 있었다.

내가 종이에 적은 첫 꿈은 '천연물 소재 연구개발 연구원'으로 이미 이뤄졌다. 그렇게 첫 직장에서 15년이라는 시간 동안 일했

퇴사 후 비로소 나를 찾았다

고, 졸업하듯 첫 직장을 마무리했다. 그 후 '신약 개발 연구원'으로 두 번째 직장에 입사했다. 내가 종이에 적었던 그대로 꿈이 20년 만에 이뤄진 것이다. 그동안 첫 직장에 다니면서 숱하게 꾸었던 꿈들, 내가 정말 하고 싶은 일은 무엇인지 고민했던 그 시간들이 떠올랐다. 미친 실행력으로 전문가를 찾아가서 배우고, 돈과 시간을 투자했다. 그때 이루고자 했던 그 꿈들은 종이에 적지 않아서 이뤄지지 않은 것일까? 종이에 적을 만큼 간절한 꿈이 아니었던 것일까? 그 꿈들은 흔들리다가 결국 흩어져버렸다.

최근 다시 내 꿈이 무엇인지 생각했다. 그리고 두 번째로 내 꿈을 종이에 적어야겠다고 마음먹었다. 내 꿈이 흩어지지 않도록 도화지에 적기 시작했다.

초긍정 자아를 가진 황지혜 작가

1. 월 억 원을 번다.
2. BMW 미니 컨트리맨을 산다.
3. 어린이 교육센터를 설립한다.

그러자 곧 초등학생이 될 우리 집 첫째 창조주도 도화지 1장을 가져와서 같이 적었다.

부자 배지호

1. 월 조 원을 번다.
2. 람보르기니를 산다.
3. 매달 소고기를 아주 많이 산다.

그 꿈을 도화지에 적은 '부자 배지호'는 색종이를 접어도 아무거나 접지 않았다. 주황색 색종이를 가져오더니, 며칠 전에 사진으로 봤던 람보르기니를 접는다. 그는 벌써 람보르기니 오너가 되었다. 엄마보다 더 크게 되겠다고 생각하는 어마어마한 녀석과 꿈 친구라니 함께하는 길이 흥미진진하다. 그리고 꿈 친구는 가끔 질문을 던져서 내게 꿈을 계속 상기하라며 알려준다.

"엄마, 설립이 뭐야?"
"설립? 아, 엄마가 도화지에 적은 '어린이 교육센터를 설립한다' 할 때 그거?"
"응."
"엄마가 만든다는 거야."
"그럼 엄마 원장님 되는 거야?"
"응, 맞아! 센터니까 센터장이 되는 거겠지?"
"우와!"

이렇게 꿈과 목표를 종이에 적고 그것을 말하니 주위에서 잊지 말라며 알려준다. 우주가 내 꿈이 이뤄지도록 도와주듯이 말이다.

첫 번째 직장에 입사한 후 꿈을 이루었다는 생각에 나는 말할 수 없이 뿌듯했다. 내 자존감이 높아졌음은 두말할 필요도 없다. 나의 사고방식이 긍정적인 이유가 이렇게 꿈을 이뤄봤기 때문이리라. 그리고 두 번째 직장에 입사한 후, 결국 종이에 적은 그대로 이뤄진다는 것을 깨닫게 되었다. 비록 어떤 형태로든 종이에 적으면 그대로 현실이 된다는 것을 믿을 수밖에 없었다.

종이에 적은 꿈이 이뤄졌듯 이번에도 종이에 간절한 내 꿈을 담았다. 그 간절한 꿈을 종이에 적었으니 이제 그 꿈은 온전히 내 것이 되었다. 비록 시간이 걸릴지라도 그 꿈은 이뤄지리라. 그리고 그 꿈을 이뤄내리라.

당신은 꿈이 있는가? 그 꿈을 종이에 적어본 적이 있는가? 지금까지 자신이 꾸었던 꿈이 이뤄지지 않았다면, 그 꿈을 한 번 종이에 적어보기를 바란다. 종이에 자신의 꿈과 목표를 적는 것이, 그것을 이루는 가장 쉬운 방법이기 때문이다. 그렇게 하지 않을 이유가 없다.

농대생,
신약 개발 연구원이 되다

나는 지방 국립대학교 농과대학 환경생물원예학부에 입학했다. 그 후 대학교 2학년 때 전공을 원예학과로 선택했다. 사주에 나무가 없어서인지 나무, 풀, 꽃이 좋았고 초록초록한 자연이 좋았다. 그래서 연둣빛 새싹이 돋는 봄과 진초록 여름을 좋아한다. 여행지도 짙푸른 녹음이 있는 강원도가 0순위다. 청정한 단양에서 나고 자라 자연을 사랑하는 이유도 있을 것이다. 자연을 사랑하는 마음으로 원예학도가 되었고, 동대학 약학대학원 석사 과정으로 진학했다. 천연약품학 전공으로 말이다. 그리고 천연약품학 전공에 걸맞은 천연물 소재 개발 연구원이 되었다. 자연에서 소재를 찾아 건강기능식품이나 화장품의 원료로 사용 가능하게 연구·개발하는 연구직 회사원의 길을 걷기 시작한 것이다.

퇴사 후 비로소 나를 찾았다

'건강기능식품'은 기능성 원료를 사용해 제조·가공한 제품으로, 기능성 원료는 식품의약품안전처에서 〈건강기능식품 공전〉에 기준 및 규격을 고시해 누구나 사용할 수 있는 고시된 원료와 개별적으로 식품의약품안전처의 심사를 거쳐 인정받은 영업자만이 사용할 수 있는 개별인정 원료로 나눌 수 있다.

건강기능식품 원료를 개발하는 일은, '개별인정 원료' 인정을 받고 시장에서 우위를 선점할 수 있게 된다. '개별인정 원료'는 〈건강기능식품 공전〉에 등재되지 않은 원료로, 식품의약품안전처장이 개별적으로 인정한 원료를 말한다. 이 경우, 영업자가 원료의 안전성, 기능성, 기준 및 규격 등의 자료를 제출해 관련 규정에 따른 평가를 통해 기능성 원료로 인정을 받아야 하며, 인정받은 업체만이 원료를 제조 또는 판매할 수 있다. 식품안전나라에 의하면 현재까지 200여 종의 기능성 원료가 있다.

소재 연구개발 업무의 시작은 기능성을 정하는 것이다. 기능성은 기억력 개선, 혈행 개선, 간 건강, 체지방 감소와 같은 것들이다. 이를 정했다면, 기능성에 부합하는 키워드를 논문 검색 사이트에서 탐색한다. 시험관 시험 수준에서 효능이 있는 소재를 찾고, 그것들이 식용 가능한지 식품안전나라에서 식품 원료 목록에 등재되어 있는지 검색하는 과정을 거친다.

그중 개발할 수 있는 소재를 추려 원물 혹은 추출물의 형태로 샘플을 확보한다. 확보된 샘플은 정성, 정량분석과 시험관 시험으로 스크리닝 작업을 거친다. 이후 시험관 시험 및 동물시험을 통해 기반 연구를 진행해 추측작용기전 연구를 진행한다. 더불어 랩스케일(Lab-scale)로 추출, 농축, 건조를 통해 수율과 함량을 확인하는 등 원료 표준화 작업과 소재에 대한 기준 및 규격설정에 대한 연구가 수반된다. 이는 어느 수준의 추출물이 효능효과를 나타내는지 기능성분은 어떤 것인지 혹은 그 소재를 대표할 만한 지표성분은 어떤 것인지 설정하는 것이다.

기준 및 규격에 대한 설정은 기능성분 혹은 지표성분의 변화를 모니터링하기 위해 정성 또는 정량분석법이 마련되어야 한다. 이는 원물로부터 추출분말과 같은 형태로 생산할 수 있는 공정개발 연구 시 단계별로 발생하는 샘플 분석에도 필요하기 때문이다.

기능성 원료는 안전성, 기능성, 기준 및 규격이 관련 규정에 따른 평가를 통해 기능성 원료로 인정받은 것이라야 한다. 따라서, 기능성 원료로 소재 개발하기 위한 연구 과정에 원물 처리 방법부터 최종 산출물을 포장하기까지 모든 과정에 대한 절차와 방법이 포함된다. 이것이 공정 개발인데, 이는 물질을 어떻게 생산해서 확보하느냐 그 방법을 체계화하는 과정이라고 할 수 있다.

예를 들어 식물로 건강기능식품 원료를 만든다고 가정한다면 이렇다. 식물의 원산지는 한국산, 중국산, 혹은 인도산으로 할지, 식물은 열매, 잎, 줄기, 뿌리 중 어느 부위인지, 추출 시 용매는 물인지 주정과의 혼합용매인지 아니면 다른 유기용매인지, 추출용매 양은 원물 대비 10배수로 할지 20배수로 할지, 1회 추출할지 2회 반복 추출할지, 추출 시 온도는 몇 도로 설정할지 추출 시간은 몇 시간 할지 농축 및 건조 방법은 어떻게 할지, 안정성을 고려해 유통기한 설정은 어떻게 할지 포장방법까지 모든 사항이 설정되어야 한다.

생산단가 측면에서 볼 때 수율과 함량 정보는 필수사항이므로 샘플링할 때 매번 원물 대비 얻은 추출물의 양 계산과 추출물 내 기능성분 혹은 지표성분의 함량분석도 동반되어야 한다. 이렇게 각 과정에서 나오는 샘플의 분석 및 생리활성검증을 통해 최적의 조건을 찾는다.

랩스케일에서 파일럿스케일(Pilot-scale)까지 스케일업(Scale-up)을 통해 대량생산을 위한 연구도 필요하다. 대량생산 공정으로 추출물이 재현성 있는 함량과 수율로 생산되면, 그 추출물을 이용해 독성 시험 및 안정성 시험, 인체적용 시험으로 소재를 평가하게 된다.

이와 같이 소재 개발의 모든 과정을 무사히 통과한 물질은 기능성 원료로 탄생하게 된다. 천연물 소재 개발 연구는, 자연으로부터 얻은 소재를 가치 있는 결과물로 만들어내는 과정의 연속이었다. 업무의 프로세스는 이런 틀을 가지고 있지만, 같은 과정은 거의 없었다. 소재마다 모두 다른 과정을 반복해야 했다. 매번 다르고, 매번 새롭게 찾아내야 했다.

가치를 찾는 일이 연구원으로서 새로운 도전이었다. 쉽지 않았지만, 이를 발견하고 물질로 만들어내고 그것이 원료라는 상품으로 탄생하면 큰 보람을 느꼈다. 내가 낳은 자식 같은 느낌이었다. 이런 가치를 창출하기 위해, 연구원은 창의적이고 유연한 사고방식을 갖춰야 한다고 생각한다. 분석 업무는 정확하고 신뢰성 있는 결과를 내야 하기에 꼼꼼함과 분석적인 사고가 요구된다.

분석하는 물질의 특성에 따라, 기체크로마토그래피(Gas Chromatography), 고성능액체크로마토그래피(High Performance Liquid Chromatography, HPLC)나 액체크로마토그래피 질량분석기(Liquid Chromatography Mass Mass, LC-MS/MS) 등의 장비가 필요하기에 크로마토그래피 원리와 이론에 대한 이해와 이를 바탕으로 실제 운용 기술과 유지보수 능력도 요구된다.

천연물 소재 개발 연구 시 주요 소재는 식물이고, 그로부터 얻은 추출물이 대부분이다. 그리고 이 추출물은 여러 화합물들이 섞여 있는 혼합물이다. 여러 화합물 중 한두 개의 화합물을 기능성분 혹은 지표성분으로 정하게 된다. 이에 따라 분석장비 및 전처리 방법, 컬럼, 컬럼 온도, 이동상용매, 이동상용매의 혼합비율, 분석 시간, 주입량 같은 분석 조건을 모두 고려한 분석법을 세팅해야 한다.

내 업무는 대부분 공정개발과 분석 업무였다. 대량생산에서 미량 분석까지 모든 과정을 아우를 수 있는 경력을 차곡차곡 쌓아왔다. 하지만 연구원으로서 자질이 부족하다고 생각한 적도 있었다. 내가 실수가 많고 꼼꼼하지 못했기 때문이다. 어떻게 하면 실수를 줄일 수 있는지 생각했다. 공정개발 업무를 하면서 수

시로 쏟아져나오는 샘플을 목록으로 실험노트에 정리했다. 정리된 샘플들은 분석 기기를 이용해 정량분석을 진행했다. 샘플을 분석할 때마다 기준이 될 만한 시료를 같이 분석해서 내 분석이 일정하게 재현되고 있음을 확인했다. 기준시료가 다른 결과를 보이면 전처리 과정이나 분석 조건을 다시 되돌아보고 잘못된 것이 없는지 확인하고 또 확인했다. 이렇게 재확인하는 과정을 습관화하니 실수는 거의 없었다. 이후로 내 결과를 내가 신뢰할 수 있었다.

그렇게 천연물 소재 개발 분야의 업무 경력과 함께 성장했고, 직급도 대리에서 과장으로 승진했다. 그렇게 회사생활을 이어가던 중 입사 8년 차에 사간 전보가 있었다. 그 당시 구조조정이 있었고, 30명 정도의 전체 직원에서 13명 남짓한 인원이 남았다. 그중 3명이 계열사로 이동하게 되었다. 나는 계열사로 이동한 3명 중 1명이었다.

그 후로 식품연구개발팀 소속이 되었다. 식품연구개발팀에서는 식품과 건강기능식품 완제품 개발이 주 업무였다. 소재연구개발만 해봤던 나는 완제품 개발에 대해 아는 것이 없었다. 업무에서는 신입보다 못한 수준이었던 것이다. 하지만 특유의 친화력으로 팀원들과 잘 어울렸고, 업무도 빠르게 적응할 수 있었다.

그렇게 4년 동안 식품과 건강기능식품 액상제품 개발 연구원으로 눈에 띄는 업적도 이뤘다. 그러던 중 회사에서는 해외 수입 원료와 수출 완제품 분석법을 자사에 세팅하고자 했다. 매번 해외 분석 기관에 의뢰하는 비용과 시간을 줄이기 위해서였다. 그래서 분석 인력 충원을 위해 채용을 진행했지만 원활하지 않았고 시간이 지체되었다. 그러자 내가 내부 추천되어 그 분석법 세팅 업무를 담당하게 되었다.

이렇게 이전 천연물 소재 연구개발팀으로 복귀했고, HPLC뿐만 아니라 미량 성분 분석이 가능한 LC-MS/MS도 함께 다루며 분석연구원으로서 역량을 확장해나갔다. 이로써 분석법 세팅 업무로 4년을 더해, 15년이라는 시간 동안 한 직장에서 연구원으로 일할 수 있었다.

이때 LC-MS/MS라는 분석 기기를 익숙하게 다뤘고, 그 경력으로 항암제를 개발하는 스타트업 기업에 신약 개발 연구원으로 입사할 수 있었다. 대학교 2학년 때 종이에 썼던 그대로, 꿈이 현실이 된 것이다. 말 그대로 벅찬 기쁨이었다. 내가 아무것도 없는 황량한 스타트업 기업 연구소의 리더가 되다니! 원대한 꿈을 펼칠 수 있으리라고 희망에 부풀었다. 설레는 인생 2막이 되리라 기대하면서 말이다.

퇴사 후 비로소 나를 찾았다

기회는 어느 날
갑자기 오지 않는다

석사 과정 때였다. 외부에서 초청된 분들이 강의하는 세미나 수업이 있었다. 그때 어느 회사 연구소장님이 오셔서 세미나가 진행되었다. 그 세미나가 끝날 즈음 질문의 시간이 있었다. 무식하면 용감하다고 나는 기지를 발휘한답시고 질문을 했다. 내게 기가 찬 아이템이 있는데, 만약 연구원이 그런 제안을 하면 제품으로 개발될 수 있냐는 뉘앙스의 질문이었다. 그 연구소장님은 웃으며 그것이 무엇인지 궁금하다며 충분한 검토를 통해 제품으로 개발될 수도 있다고 긍정적인 반응을 해주셨던 것으로 기억한다.

그렇게 석사 과정을 행복하게 보내며, 졸업 논문도 마무리하고 졸업을 앞둔 시점이었다. 내가 평소에 교수님들께 인사도 잘하고 웃는 인상이었나 보다. 의도한 것은 아니지만 유독 이른 아침 연구실에 도착할 때와 늦게 귀가할 때 같은 층에 계신 다른 전공 교수님을 뵈었고, 그때마다 어김없이 밝게 인사를 했다. 그 교수님의 눈에는 내가 아침 일찍 나와서 늦게까지 연구에 매진하는 열정 가득한 석사생이라는 인상이 심어졌던 것일까.

당시는 이력서를 내며 취업을 준비하고 있던 때였다. 그리고 첫 직장의 인연이 될 곳에서 서류에 합격됐다는 연락을 받았다. 어느 날 복도에서 만난 그 교수님께서 나를 부르시더니 취업은 어떻게 되어가고 있냐고 물어보셨다. 일단 서류는 합격한 상태라고 말씀드렸고 교수님은 그 회사의 이름이 뭐냐고 물어보셨다. 회사 이름을 말씀드리니 교수님께서는 바로 누군가에게 전화를 거셨다. 상대는 바로 외부에서 초청되어 세미나에 오셨던 그 연구소장님이셨다!

교수님께서는 "우리 학생이 있는데 전공은 천연약품학이에요. 같은 연구실은 아니지만 굉장히 성실한 학생이에요. 거기 서류는 통과됐다고 하네요. 이름은 황지혜입니다. 제가 추천하는 학생이니 잘 부탁드립니다"라고 말씀해주시는 것이었다. 그저 인사만 잘했을 뿐인데, 이렇게 전화도 해주시니 너무 감사했다. 그 통화 덕분이었는지 두 번의 면접 후 첫 직장에 입사할 수 있었다.

내게 오는 모든 순간은 그동안 내가 심어놨던 씨앗이 기회가 되어 돌아오는 것은 아닐까? 그래서 평소 나의 언행이 나의 미래를 만든 것은 아닐까? 우연이라고 하기에는 그 인연이 신기하고, 기적이라고 하기에는 나의 노력과 열정의 크기를 무시할 수 없었다. 나는 그저 내가 가고자 하는 길, 내가 이루고자 하는 목표에 집중하고 꾸준히 앞으로 나아갔다.

첫 직장에 입사 후, 천연물 소재 연구 개발팀 소속 연구원으로 일했다. 팀 내에서 분석만 하는 연구원, 공정 개발만 하는 연구원도 있었다. 하지만 나는 어느 한 분야에만 국한되지 않고 내가 할 수 있는 모든 것을 했다. 물질을 만드는 연구원이지만, 생리 활성평가팀에서 세포실험을 하기도 했다. 세포실험을 하던 분이 그만두기 전에 후임자가 없었고, 팀장님은 내게 배워보겠느냐고 제안하셨던 것이다. 입사 후 2년 차였을 때다. 나는 당연히 배우겠다고 대답했다.

그 세포실험으로 말미암아, 나는 세포 배양하는 방법부터 그 세포를 이용한 시험 방법, 시료 처리 전후의 성분을 분석하고 그 결과를 보고서로 작성하기까지의 전 과정을 경험했다. 그 와중에 내가 수행한 실험이 잘되었는지 확인할 만한 양성대조군 (Positive Control)이 없다는 것을 인식하고, 논문 검색을 하기 시작했다. 검색을 통해 카페인을 찾았고 양성대조군으로서 실험마다 적용했다. 그리고 논문과 동일한 수치를 얻었으며, 내 실험이 잘 진행된 것을 확인하면서 뿌듯함도 함께 느낄 수 있었다. 기존 업무와 더불어 세포실험을 하며, 회사 내부과제를 마무리했다. 나는 세포실험 전공자가 아니었지만 3명에게 이 실험 방법을 전수해주는 전임자가 되었다.

이후, 식품연구개발팀에서 일하다가 분석연구원으로 업무를 해보겠냐는 제안이 왔을 때도 내 대답은 "네, 하겠습니다"였다. 그리고 나는 100건이 넘는 분석법 세팅을 완료했다. 그 과정은 엄청난 스트레스를 동반했지만 분석연구원으로 더 성장하는 계기가 되었다.

그 당시에는 대부분 해외에서 수입하는 원료와 해외로 수출하는 완제품의 성적서를 해외에 있는 공인분석기관에 의뢰하던 때였다. 원료나 제품에 대한 성적서에는 기능성분 혹은 지표성분에 대한 함량, 미생물, 중금속 등이 기준에 맞는 결과가 있어야 한다. 그 기준으로 품질관리를 해야 하고 기준에 맞는 원료와 완제품만 사용이 가능하기 때문이다.

그중에서 나는 기능성분 혹은 지표성분을 분석했는데, 자사에 분석법을 세팅하기 위해서, 일차적으로 그들과 동일한 결과가 나오는지 확인했다. 그리고 해외 공인분석기관 담당자와 영어 메일을 주고받으며 분석 조건을 문의했다. 대부분 호의적이었으나, 자세한 조건은 알려주지 않았다. 그런 그들에게서 분석 정보를 얻고자 하니 시간은 오래 걸렸고, 답답함만 늘어갔다.

이후 그들의 메일 회신을 기다리는 동시에 분석도 진행했다. 나중에 알게 된 사실이지만, 처음으로 이 업무를 담당할 뻔한 선배 연구원이 나를 추천했다고 한다. 골치 아픈 일도 많고, 업무량이 적지 않기에 혼자 감당하기 힘들다는 판단이 있었을 것이다. 덕분에 내가 이 업무를 맡을 수 있었으며, 분석연구원으로서 업무 역량을 키울 수 있었다.

나는 함량 분석에 주로 사용하는 범용적인 분석기기인 HPLC뿐만 아니라, 고가의 분석 장비이자, 미량분석이 가능한 LC-

MS/MS도 줄기차게 운용해볼 수 있었다. 한 직장에서 오랜 시간 근무하면서 경험한 다양한 업무와 신약 개발 연구소에서는 필수인 LC-MS/MS라는 장비를 다뤄본 경험으로, 항암제를 개발하는 연구소에 입사할 수 있었다.

헤드헌터로부터 신약 개발 연구소 입사 제안이 왔을 때, 처음에는 나와는 결이 맞지 않다며 그의 제안을 거절했다. 나는 천연물 소재 개발 연구원으로 일하고 싶었기 때문이다. 하지만, 헤드헌터의 적극적인 추천으로 지원하기로 결정했고, 무난히 서류 통과 후 면접을 볼 수 있었다. 집에서 30km 정도의 거리라서 괜찮다고 생각했고 퇴사 후 두 달 정도 집에서 쉬고 있었던 터라 일하고 싶은 마음이 커졌다.

무엇보다도 권고사직으로 퇴사했으니, 아직 건재하다는 것을 보여주고 싶기도 했다. 그래서 내가 원하거나 완벽하게 맞는 업무는 아니었지만 면접에 응하게 되었다.

면접 보러 가는 길은 느낌이 좋았다. 시원하게 쭉쭉 뻗은 가로수길도 너무 아름다웠고, 회사 길가에 있는 수국도 나를 환영하는 듯했다. 주변을 보니 낮은 언덕의 산이 있었고, 그 앞으로 흐르는 천과 천변길에는 산책로가 조성되어 있었다. 공기질도 좋았고 번잡하지 않은 한적한 환경이 마음에 들었다.

면접 볼 때 연습한 대로 말이 술술 나왔다. 그래서인지 면접 본 자리에서 합격을 통보받았다. 그렇게 한 번의 면접으로 입사가 결정되었고, 면접 후 일주일 만에 출근하기 시작했다.

이렇게 엄청난 속도로 입사한 후 난 바로 LC-MS/MS라는 고가의 장비를 세팅하기 시작했다. 기기 구매를 위해, 어떤 브랜드의 어떤 사양의 장비로 세팅할지, 함께 필요한 질소발생기도 검토했다. 그리고 분석 시 필요한 모든 소모품과 시약들도 구매했다. 그렇게 분석 장비의 세팅을 완료했다. 입사 후 2개월 만에 이뤄낸 쾌거였다. 내 꿈이었던 '제약회사 연구원'은 '신약 개발 연구원'으로 실현되고 있음에 감사했고, 이런 기회를 내 것으로 만들었다는 사실에 자신감은 높아졌다.

내가 이렇게 성장할 수 있었던 것은 내게 오는 제안을 모두 기회로 생각했기 때문이다. 그 제안들은 내가 원하거나 100% 만족스러운 것은 아니었다. 하지만 그 제안을 받아들이고, 불완전한 것은 채워가며 성장했다고 생각한다. 그 과정에서 나 스스로 성장하려는 욕구를 가지고 계속 원하고 욕망하니, 어떤 형태로든 기회가 마련된 것이다. 그 욕망이 크면 클수록 기회는 더 빨리 내게 올 것이다. 끌어당김의 법칙에 의해 자석처럼 내게 끌어당겨지는 것이다.

기회는 도대체 언제 오냐고 기다리고, 실망하면서 불평하는 대신, 내게 오는 기회를 낚아채 나만의 길을 만들어보는 건 어떨까?

나는 운이
좋은 편입니다

만약 15년 동안 일하던 직장에서 권고사직 권유를 받았다면 어떤 생각을 하겠는가? 과연, 운이 좋다고 생각할까? 아마도 대부분의 사람은 엄청난 상실감과 허탈감을 느낄 것이다. 아마도 이혼하게 되면 비슷한 느낌일 것이라고 짐작해 본다.

나는 첫 직장을 내 꿈을 이룬 꿈의 장소라 생각했다. 그곳에서 웃고, 울고, 성공과 좌절을 모두 겪으며 일했다. 그렇게 친정과도 같았던 그곳에서 권고사직 권유를 받았다. 벌써 1년 전의 일이 되었다.

나는 사실 이직을 준비하고 있었다. 한 직장에서 15년 이상 있어 보니, 나는 고인물이 되어 있었다. 모든 것이 익숙해서 더 이상 새로움이 없었다. 도전할 만한 업무도, 내가 성장할 만한 환경도 아니었다. 안정된 회사 생활에 변화가 필요했다. 나는 더 성장하고 성공하고 싶었다. 그렇게 이직에 대한 마음을 먹은 지, 6개월 되는 시점이었다.

회사 경영이 점점 안 좋아지면서, 연구소를 축소하고, 인원을 감축하려는 기운이 돌았다. 여러 해 경험으로 봤을 때, 그런 기운은 곧 권고사직으로 이어졌고, 그 시점에 동료들은 많이 떠났다. 그 자리는 신입 연구원으로 채워지기도 했다. 그런 현상을 봐온 나로서는 이제는 내 차례라고 생각했다. 이럴 때 나같이 승진이 몇 해 누락되고 팀장도 되지 못하는 환경에 있는 사람이 우선정리 대상이기 때문이다.

그래서 내게 권고사직이라는 말을 어렵게 꺼낸 팀장님께 너무 감사하다며 1초의 망설임도 없이 바로 긍정적인 대답을 했다. 내가 그 대상이 된 것에 한편으로 씁쓸했지만, 다른 한편으로는 '드디어 내가 원하는 권고사직을 받았다!'며 속으로 쾌재를 불렀다. 그때 팀장님이 너무 좋아하는 거 아니냐고 말할 정도였다. 그리고 나는 골치 아픈 국가과제 관리에서 해방될 수 있다는 생각에 너무 홀가분하기도 했다.

내가 스스로 그만두는 것보다 훨씬 괜찮다고 생각했다. 적지 않은 위로금과 함께 구직 급여를 최대로 받을 수 있기 때문이었다. 회사에서 낙오되고 잘렸다기보다는 이곳에서 내 사명을 다하고 떠나는 기분이었다. 퇴사하는 날까지 남은 시간 동안 내가 진행하던 업무를 최대한 마무리했다. 그리고 회사 동료들은 케이크를 준비해주었고, '생일 축하합니다'가 아닌 '퇴사 축하합니다'라는 노래와 함께 박수까지 쳐주었다. 그리고 코로나19로

퇴사 후 비로소 나를 찾았다

회식이 전무했었던 시기를 지나서 거의 처음으로 팀 회식을 하게 되었다. 동료는 최근 들어 제일 재미있는 회식이었다며 혀를 내두를 정도였다. 나는 모두의 축복 속에서 졸업 같은 퇴사를 할 수 있었다.

그렇게 첫 사회생활이었던 곳, 처음으로 꿈을 이룬 곳, 사수를 통해 사회적으로 인격을 형성한 곳, 내가 성장할 수 있는 발판을 마련해준 곳을 졸업했다. 그곳에서 만난 모든 분들의 행복, 건강, 그리고 성공을 기원한다.

첫 직장을 마무리하고 휴식 시간을 가졌다. 휴식을 취하며 바리스타 자격증, 정리수납 자격증을 땄다. 그리고 새로운 시작을 위해, 본격적으로 이력서를 재작성했다. 퇴사한 지 2개월이 지난 어느 날, 헤드헌터에게서 연락이 왔다. 내가 종이에 적었던 그 직업 '신약 개발 연구원'으로 일할 수 있는 항암제 개발 연구소에서 분석 업무로 말이다!

내가 원하는 적절한 시점에 퇴사했고, 충분히 휴식을 취했다. 그리고 글자 그대로 정확하게 원했던 내 꿈인 신약 개발 연구원으로 입사한 것이다. 내 인생은 신기할 정도로 운이 좋았다. 나는 직장에서 뿐만 아니라 평소에도 운이 좋았다. 운이 좋았던 일화들은 너무 많다. 지금은 그런 일들이 더 많이 그리고 더 자주 생기고 있다.

첫 직장에서 계열사 전체 직원이 함께 등산할 기회가 있었다. 모든 직원이 하산한 후 행사가 있었다. 그 행사에서 경품 1등 상품은 자사에서 판매하는 제일 비싼 건강기능식품이었다. 그날은 이상하게 느낌이 좋았다. 행운권 추첨으로 나는 1등 당첨이 되었고 회장님에게 직접 선물을 전달받을 수 있었다.

사간 전보로 계열사로 이동해서 근무하던 때였다. 배드민턴을 배우기 시작했고, 운동을 한창 할 때였다. 같이 운동하는 사람들과 함께하는 시간이 좋았다. 그렇기 때문에, 참가에 의미를 두며 대회에 나가곤 했다. 배드민턴 대회는 매번 경품 추첨이 있었다. 그 당시 1등 경품은 진공청소기였다.

이상하게 내가 1등이 될 것 같은 느낌이 들었고, 추첨 결과, 내가 1등으로 당첨되었다. 그런데 배드민턴 혼합복식에서 1등을 한 언니가 자신이 받은 최고급 배드민턴 라켓과 바꾸자는 것이었다. 나는 남편에게 이 사실을 알렸고, 남편은 청소기를 이미 구입했으니 바꿔도 될 것 같다고 했다. 그래서 망설임 없이 청소기와 배드민턴 라켓을 교환했다. 두 명 모두에게 좋은 결과였다.

나는 물건을 잘 잃어버리거나 잘 챙기지 못하는데, 가끔 지갑도 놓고 다녔다. 어느 날 운전하다가 차 주유등에 불이 켜진 것을 발견했다. 급히 가까운 주유소에 들어가서 주유를 요청하고 카드를 꺼내려고 뒤적거렸다. 그런데, 하필 그날 지갑을 놓고 온 것이다. 주유소 사장님께 제가 이 근처 회사에 다니고 있고, 이곳을 자주 지나가는데, 다음에 와서 비용을 지불해도 되겠냐고 여쭤봤다. 주유소 사장님께서는 그렇게 하라고 하셨다. 시골의 인심인가, 아니면 내가 운이 좋은 건가 생각했다. 그 후로 그 근처 다른 주유소에서도 이런 경우가 종종 있었다. 주유소 사장님들의 배려로 그때마다 나는 외상 아닌 외상 주유를 할 수 있었다. 주유비는 다음 날 모두 완납했다.

　한번은 이런 경우가 있었다. 첫 직장에서 문화행사로 여러 가지 활동이 있었다. 그 활동 중 하나로, 문경 사과 축제에 다녀온 적이 있다. 문경 사과 축제는 보통 10월에 열린다. 사과 축제 기간에 방문하면 문경새재로 향하는 산책로를 따라 늘어선 부스에서 사과 구매와 함께 시식도 할 수 있었다. 회사 문화행사로 갔던 그 시기에 사과 시식을 배불리 했던 기억이 있다. 특히 내가 좋아하는 사과는 감홍이라는 품종인데, 정말 달콤하고 맛있다. 그 사과를 파는 부스에 가서 시식을 한 후, 호기롭게 감홍 두 상자를 구매하겠다고 했다. 가장 큼직하게 잘 익고 제일 비싼 것으로 골랐다.

　두 상자를 받은 후, 값을 지불하려고 가방을 뒤적거렸다. 아뿔싸! 이번에도 지갑이 없었다. 주위를 둘러봐도 회사 동료들은 보이지 않았기에, 뒤적뒤적 두리번두리번을 반복하고 있었다. 그러자 사장님께서 나중에 입금해달라고 하셨다. 나는 "감사합니다!"를 연신 외쳤다. 그리고 귀가하자마자 입금해드렸다.

　운 좋게 사과를 구매할 수 있었던 경험과 함께 풍요로웠던 사과 축제로 기억되기에 매년 10월이 되면 문경에 가고 싶어진다. 몇 해가 더 지나고, 사과 축제 시기에 문경을 다시 찾았다. 역시나 내가 좋아하는 감홍 사과를 사고 싶어서 부스 이곳저곳을 기웃거리고 있었다. 이전에 회사 문화행사 때 샀던 기억이 있어서 그 사과농원의 이름이 기억나지는 않았지만 다시 찾고 싶었다. 그래서 여러 부스 중 감홍을 파는 곳에 들어가 사과를 시식하며 말을 하기 시작했다.

"제가 몇 년 전에 감홍을 샀는데, 여기인가…?"

그러자 사장님은 테이블에 팔짱을 끼고 앉아 있다가 고개를 들고 나를 보면서 입을 여셨다.

"황지혜씨?"

"앗! 어떻게 아셨죠?!"

몇 년 만에 찾아간 문경 사과 축제, 그 수많은 부스 중에 유일하게 한 곳에 가서 말을 걸었는데, 그분이 내 이름을 알고 있다니! 나는 너무 놀란 나머지 소리를 지르고 있었다. 그랬다. 그곳이 내가 사과를 샀던 부스였던 것이다. 그 사장님은 그 당시 입금받고 계좌에 남겨진 내 이름을 기억하고 계셨다. 이 인연으로 나는 또 내가 제일 좋아하는 감홍을 샀고, 사장님의 후한 덤까지 받을 수 있었다.

나는 스스로 운이 좋은 사람이라고 생각했다. 그렇기에 운이 좋은 일들이 계속 일어날 것이라고 믿는다. 그런 기분 좋은 상태가 이어지면 어김없이 좋은 일들이 일어나게 된다. 그동안 나의 이런 모든 긍정적인 경험을 운이 좋다고 표현할 수밖에 없었다. 하지만 최근 내가 보는 자기계발서, 의식 성장 관련 도서들을 보면 모든 것은 내가 생각하고 상상했기 때문에 이루어졌다고 한다. 이것은 내가 모두 끌어당겼기 때문이라는 것이다.

　내가 하고 싶다고 생각하는 것, 상상하는 것, 그리고 그 느낌들, 그리고 이미 이뤄진 것처럼 행동하고 실천하면 언젠가는 내가 원하는 것을 이루게 된다는 인생의 진리와 우주의 법칙들은 실제로 나에게 일어나고 있는 중이다. 사람은 자기가 생각하는 대로 된다. 나 역시도 내가 운이 좋다고 생각하기 때문에 좋은 일이 계속 나에게 다가오고 있는 것이다. 나는 생각한다. 나는 오늘도 운이 좋다고.

잘못을 탓하기 전에
원인부터 찾아라

　　　　　나는 신약 개발 연구원으로 2022년 9월에 입사 했다. 같은 팀 신입 연구원 J는 2023년 1월에 입사했다. 그는 갓 석사를 마친 열정 넘치는 연구원이었다. 나와는 13살 나이 차가 나는 20대였다. 그는 회사에서 요구하는 업무를 충실히 수행할 수 있는 분야를 전공했다. 그래서 나보다 사회생활 경험은 없지 만, 팀의 프로젝트 리더가 되었다. 그리고 그는 자신만의 논리 가 있었다. 비록 사고의 유연함이나 미래를 보는 안목은 더 길 러야 하겠지만, 자신만의 생각을 펼치는 모습이 인상적이었다. 그래서 나는 그가 생각한 것을 들어보고 수긍이 가면 그의 제 안에 동의했다.

　업무 파악이 빠르고, 자신의 실험도 최상의 결과를 내기 위해 고군분투하는 모습이 나빠 보이지 않았다. 대표님이 업무 지시 를 하면 자신이 더 할 수 있는 부분에 대해 의견을 내고 진행하는 모습도 좋아보였다. 일에 대한 욕심도 있었다. 대표님이 요청하는 업무는 전력을 다해 추진하고 보고했다. 내가 대표라도 이런 직원이 예뻐 보일 것이다.

일은 잘하는 사람에게 몰린다고 했던가. J는 일복이 터졌다. 물론 나도 덩달아 일복이 터졌지만 말이다. 몇 주간 거의 매일 약동학 실험을 했던 때도 있었다. 약물제조, 투여, 채혈, 샘플 전처리, 그리고 분석이 다람쥐 쳇바퀴 돌아가듯 멈추지 않고 지속되었다. 그러면서 하루에 실험 가능한 마우스의 숫자도 부쩍 늘게 되었다. 이와 더불어 그는 시험관 시험도 진행하고, 요청받은 분석 업무도 하게 되어 몸이 열 개라도 부족할 지경이었다.

그래서인지 그는 실험 후 뒷정리하는 데 시간을 할애할 여유가 없었나 보다. 그가 지나간 자리는 실험 소모품이나 벗어놓은 라텍스 장갑들로 어지러웠다. 자신의 실험테이블뿐만 아니라 내 실험테이블, 공용 실험테이블, 분석기기실 할 것 없이 그 흔적이 남았다. 이와 같은 상황은 며칠에서 몇 주까지 지속되었다.

결국 약효평가팀 동료들, 합성팀 동료들은 그런 그의 태도에 불편을 느꼈고, 그 불만사항은 모두 내 귀에 들어오게 되었다. 물론 나 역시도 내 실험테이블에 남겨진 흔적들로 어지간히 신경이 쓰이기는 했지만, 말로 표현하지 않았다. 그 흔적들은, 검정색 실험테이블 위에 사용한 파란색 혹은 보라색 라텍스 장갑 등으로 수일에 걸쳐 개수가 점점 늘어났다. 그렇게 늘어나는 것을 보면, 스스로 깨닫고 정리할 거라고 생각했다.

모든 일은 스스로 깨달아야 그 행동이 진정성 있고, 그것이 행동으로 이어지는 가장 빠른 길이기 때문이다. 그에게 내 실험 테이블 위의 것들을 치워달라는 말을 하지도, 내가 치우지도 않았다.

그렇지만, 나도 실험을 해야 했기에 어쩔 수 없이 내가 정리할 수밖에 없었다. 이런 날이 반복되니 나는 한번쯤은 말해줘야겠다고 생각했다.

"J씨 내 실험테이블 위에서 실험 다 했으면 치워줄래요? 그리고 플라스틱 전용 쓰레기통에 플라스틱만 버려줄래요?"

그는 치우겠다고 했다.

얼마 후 실험실에 가보니, 플라스틱 전용 쓰레기통에 일반쓰레기인 실험용 티슈와 라텍스 장갑을 모두 처박아 놓았다. 나는 화가 머리끝까지 났지만, 그 쓰레기통에 '플라스틱만 버리시오'라는 경고문구를 써 붙이고 화를 삭혔다. 그런데, 날이 지나도 내 실험테이블은 계속 지저분해졌고, 플라스틱이 아닌 것들이 플라스틱 전용 쓰레기통에 버려지는 것이었다. 내가 요청했고, 경고문구도 써 붙였는데 그의 행동은 바뀔 기미가 없었다.

나는 더 이상 그와의 대화를 이어가고 싶지 않았다. 업무에 대한 이야기도 하고 싶지 않았다. 도대체 이런 상황은 왜 발생하는 걸까? 나는 결국, 쓰레기통을 없애버렸다. 더불어 주변 동료들이 내게 토로했던 그의 정리에 대한 불만을 담아 "J씨 여기 좀 정리해줄래요?"라는 한 문장으로 그들의 하소연에 응답했다. 그는 약동학 분석팀의 프로젝트 리더지만, 아직은 배워야 할 것

퇴사 후 비로소 나를 찾았다

이 있는 사회 초년생이기도 했다.

나 역시도 처음에는 신입 연구원이었다. 나도 잘 잊어버리고, 빠트리고, 정리를 못 했던 시절이 있었다. 입사 초기에 불타는 열정으로 엄청난 양의 업무를 소화하려고 하니 그럴 수밖에 없었다. 그때 내 사수였던 분과 선배 동료가 내게 행동을 교정해주길 요청했던 기억이 있다. 그들도 내게서 받은 스트레스가 있었을 것이다. 그들이 내게 마음을 닫았더라면 그런 충고는 없었을 것이다. 그들이 내게 해준 말들은 피가 되고 살이 되었다. 조금이라도 애정이 있어야 충고나 조언도 해주는 것이리라. 그리고 지금은 그런 말을 해준 선배, 동료들에게 감사한 마음뿐이다.

최근 내가 이수한 강연가 수업을 통해 깨달은 것이 있다. 강연은 강의와 다르다는 것이다. 강의는 학문이나 기술의 일정한 내용을 체계적으로 설명해 가르치는 것이지만, 강연은 일정한 주제에 대해 청중 앞에서 강의 형식으로 말하는 것이다. 그러므로 작가로서 강연하고자 하면, 나의 스토리를 나의 방식으로 잘 전달하면 되리라.

무엇보다도 강연 시작하기 전, 청중으로 하여금 나의 강연을 들을 수 있도록 준비를 시켜줘야 한다. 청중에게 들을 준비를 하게 하는 것, 바로 내가 대단한 사람임을 그들에게 알려주는 것이다. 내가 나를 정의하고, 그렇게 내 소개를 시작한다.

"안녕하세요? 이 책의 저자, 초긍정 코치 황지혜 작가입니다."

청중으로서 들을 준비를 하게 해주는 것은 바로, 나의 존재를 알리는 것이다. 내 저서, 그리고 내 이력과 성공스토리들을 들려주면 청중은 마음을 열고 이야기를 들을 준비를 하는 것이다. 만약 청중이 내 이야기에 귀기울이지 않는다면, 내가 그들에게 제대로 어필하지 못한 것이리라. 내게 관심이 없거나, 내 존재가 그들에게 귀감이 되지 못한 것일 수도 있다.

우리 집 첫째 창조주인 지호는 내 말을 스펀지가 물 흡수하듯 듣고 이해하며, 잘 기억하기까지 한다. 내 기억에 없는 대화조차 기억하고 있다.

"지호야 도둑이 제일 좋아하는 아이스크림 이름이 뭔지 알아?"
"보석바, 그리고 도둑이 제일 싫어하는 아이스크림은 누가바잖아."
"어떻게 알았어?"
"엄마가 저번에 알려줬잖아."

그래서 그때마다 언행을 매우 현명하게 해야겠다고 다짐한다. 김현정은 저서 《라이커빌리티》에서 이렇게 적고 있다. "사람들은 옳은 말이 아니라, 내가 좋아하는 사람의 말을 따른다. 결국 좋아할 만한 사람이 되어야 리더십이든, 성공이든 원하는 것을 가질 수가 있다."
가정에서든 사회에서든 모든 것은 인간관계에서 발생하는 문제가 대부분일 것이다. 누가 어떤 잘못을 했더라도 그 문제에 대해 이야기를 나누게 된다. 대화를 통해 해결하면 좋겠지만, 내 말을 들을 준비가 되어 있지 않은 사람에게는 어떤 말을 해도 소용이 없다. 그러니 내가 조언하고 싶더라도, 상대가 들을 자세가 되었는지, 내가 시간 낭비를 하는 것인지 생각해볼 필요가 있다. 들을 생각이 없는 상대라면 차라리 내 일을 하는 게 더 나을 것이다. 상대방이 누구든 내 말을 모두 듣고 이해하고 기억하고 행동해주지 않는다. 그들이 잘못하고 있다고 탓할 일도 아니다. 사람마다 경험했던 것이 다르고 생각도 다르기 때문이다.

저 사람은 왜 내 말을 안 듣는지 이해할 수 없을지도 모른다. 어떤 인간관계든 나와 소통이 잘되는 사람이 있는 반면, 그렇지 않은 사람도 있기 마련이다. 소통이 잘되지 않는다면, 그 원인은 나에게 있다. 상대방이 내 말을 듣도록 준비시키는 것도 나 자신이기 때문이다. 그것을 깨달은 나는 다른 사람의 잘못을 탓하기 전에 내 자신부터 살피게 되었다.

인생이란 원래
뜻대로 되지 않는다

첫 직장에서 나는 더 성장할 수 있을 것 같지 않았다. 팀장이 되었다면 더 성장했다고 느꼈을까? 보이지 않는 유리벽 같은 것이 느껴졌다. 승진도 안 되고 팀장도 안 되니 거기서 성장이 멈춘 것 같았다. 연봉도 몇 해째 동결 수준이었다. 내가 더 기여할 부분도 없을 것 같았다.

내가 하는 업무는 이제 신입 연구원도 할 수 있는 일이 되었다. 그래서 나는 신입 연구원들을 교육하고, 업무 처리를 더 잘할 수 있도록 도왔다. 천연물을 전공했든, 전혀 다른 분야를 전공했든, 그들이 빠른 속도로 업무와 회사생활에 적응할 수 있도록 나만 알고 있는 노하우도 아낌없이 알려주기도 했다. 그들을 돕는 것이 내가 할 수 있는 최선이라고 생각했다.

너무나 익숙한 환경에서 큰 어려움 없는 회사생활에 감사하는 마음도 있었다. 모든 것이 완벽하지 않았지만, 무엇보다 마음이 편했기 때문에 오랫동안 한 직장에서 근무할 수 있었다. 하지만 이런 편안함에 안주하고 싶지는 않았다. 그런 나의 이직 생각은 권고사직으로 날개를 달았다. 그렇게 첫 직장과 이별하고 2개월 만에 헤드헌터를 통해 신약 개발 연구소에 입사했다. 두 번째 직장의 대표님은 내게 팀을 하나 꾸릴 수 있도록 팀원도 뽑아주겠다고 했다. 그렇게 난 신약 개발 연구원이자 팀장이 되어 내 팀을 꾸릴 수 있겠구나 생각하며 희망찬 인생 2막을 꿈꿨다. 그렇게 원대한 꿈을 품었다.

내가 입사한 곳은 스타트업 기업으로 생긴 지 얼마 되지 않았다. 그렇기 때문에 내가 연구소를 처음 세팅한다고 생각하고 모든 것을 검토했다. 내가 주로 다루게 될 LC-MS/MS, 이와 함께 필요한 실험 기기, 유리기구, 실험 및 분석 소모품, 유기용매 등을 모두 목록으로 만들고 필요한 것을 세팅했다.

그리고, 얼마 후 입사한 J와 함께 약물동태 분석 업무를 진행했다. 그는 열정적이었고 열심히 했다. 얼마 지나지 않아 대표님에게서 그를 프로젝트 리더로 정했다는 메시지를 받았다. 예상은 했지만, 내가 품었던 팀장이라는 희망은 씁쓸함으로 바뀐 지 한참 지나 있었다. 대표님의 문자를 받음으로써 정리된 것뿐이다. 업무에 대해 더 잘 파악하고 있는 이가 리더가 되는 것에 이견이 없었지만 좋은 느낌은 아니었다.

이후 난 약물동태분석팀 업무와 함께 동물실험과 동물실 유지 관리 업무도 병행하게 되었다. 그래서 전날 분석한 것이 있으면 기기 분석실에 가서 대략의 결과를 확인했고, 특이사항이 없으면 바로 동물실로 들어갔다. 그리고 가벼운 걸레질로 하루를 시작했다. 직급은 책임연구원이지만, 신입 연구원과 다름없었다. 약물동태학(Pharmacokinetic, 이하 PK) 실험 일정이 있으면 실험 준비는 내 담당이었다.

동물실험 전공자가 아니기에 얼마간의 약물투여 연습과 채혈 연습을 했지만, 재현성 있는 결과를 내기 위해 약물투여는 신입 연구원이자 리더인 J가 진행했다. 그가 투여할 약물을 제조하는 동안, 나는 전날 절식시켰던 실험 동물의 체중을 측정해놓고 투여일지에 기록해뒀다. 그리고 약물투여에 필요한 주사기와 존데(Sonde, 체강(體腔)이나 장기 속에 삽입해 상태를 조사하는 관 모양의 의료기구), 채혈 시 필요한 모세관과 마이크로 튜브는 라벨링해 준비했다.

J가 약물투여를 끝내면, 내가 일정한 시간 간격으로 채혈했다. 채혈한 혈액 샘플을 마이크로 튜브에 담아 원심분리할 때까지 미리 준비한 얼음에 보관했다. 그리고 원심분리해 플라즈마 샘플을 일정량 새로운 마이크로 튜브에 옮긴 뒤 분석하기 전까지 $-20°C$에서 보관했다. 이후 플라즈마 샘플은 전처리한 다음 분석기기에 주입해서 정량하게 된다. 플라즈마 샘플에 있는 약물(대부분 신규 화합물)을 분석하기 위해 사전에 그 조건을 찾아서 분석법으로 저장해놓아야 한다.

이 과정이 완료된 후, LC-MS/MS를 안정화시킨다. 그리고 시간별로 채취한 전처리된 플라즈마 샘플을 분석한다. 플라즈마 샘플에서 검출되는 약물의 양은 자동으로 정량되어 나오도록 프로그램을 이용하면 된다. 정량 결과는 J가 정리해서 약동학 파라미터를 산출했고 대표님에게 보고한 뒤 최종보고서를 작성했다.

나는 석사 과정에서 처음 동물실험을 배웠다. ICR 마우스 뇌에서 효소를 분리한 후 시험관 실험을 했다. 그때는 선배님들의 지도하에 차근차근 배울 수 있었다. 희생되는 실험동물들이 안쓰럽기도 했지만, 실험이려니 하고 잘 넘겼던 것 같다. 이후로, 직접 실험동물을 만지는 것은 18년 만이었다. 첫 직장에서는, 제공받은 플라즈마 샘플을 전처리하는 방법과 분석법을 세팅했다. 그리고 세팅된 방법으로 분석을 진행했고, 그 결과 얻은 정량 값으로 PK 파라미터를 구해본 경험이 있었다. 하지만 PK 동물실험에 대한 실질적인 경험은 없었다.

약효평가팀 연구원 S가 약물을 마우스에 경구투여하는 방법을 처음 알려줬다. 약물투여를 위해서는 마우스를 잘 잡아야 하는데, 그것을 보정한다고 한다. 보정만 잘하면 약물투여는 그리 어려운 일이 아니었다. S가 보정 방법을 알려주고, 내게 마우스를 잡아보라고 했다. 하지만, 난 그럴 수 없었다. 그럴 엄두가 나지 않았기 때문이다. 그렇게 첫날은 그저 보기만 했다.

둘째 날부터 매일매일 보정 연습을 했다. 그리고 약물투여 방법 중 경구투여를 연습했다. 20g 남짓한 마우스에 점성이 있는 가용화제를 물과 섞어 경구투여했다. 약 2주일이 지나자 마우스를 보정한 후 경구투여하는 것이 어느 정도 안정화되었다. 경구투여뿐만 아니라 채혈도 손에 익었다. 그 후 연습을 시작한 지한 달이 되는 시점에, 연구소 내에 있는 약물인 아세트아미노펜을 가지고 PK 실험을 진행했다. 논문을 검색해서 경구투여로 투여량을 결정했고, 녹이는 용매, 투여 부피 및 농도, 채혈하는 시간도 참고했다. 그리고 시간별로 채혈한 혈액 샘플은 바로 원심분리해 플라즈마 샘플로 확보했다. 플라즈마 샘플은 전처리한 뒤, LC-MS/MS로 분석했다. 마우스 3마리로 진행했고 결과는 편차가 꽤 컸지만, 신기하게도 평균값은 논문과 유사하게 나왔다. 약물제조부터 PK 파라미터 분석까지 처음부터 모든 과정을 혼자 해볼 수 있었다.

그 이후 여러 번의 PK 실험을 진행했고, 그 편차도 거의 일정한 수준으로 좁혀갔다. 약물투여부터 채혈, 기기 분석 및 파라미터 분석까지 모든 과정을 익혔다. 이것은 동물실험 시작 후 두달만의 일이었다. 처음 대표님이 내게 동물실험을 배워보겠냐고 권유했을 때, 바로 그러겠다고 대답했다. 배우는 것을 좋아했고, 동물실험을 할 수 있으면 업무 이해도도 높아질 거라고 생각했기 때문이다. 그로 인해 내가 회사에 도움이 된다니 대표님의 권유는 좋은 의도로 받아들였다.

그리고 그때는 그것 외에는 선택지가 없었다. 대표님에게 내의지를 보여줄 수 있는 것은 그것뿐이었다. 만약 내가 마우스잡는 것에 극도의 공포심이나 혐오감이 있었다면, 아마도 나는그때 일을 그만두었을 것이다. 하지만, 견딜만 했기에 지속할 수

퇴사 후 비로소 나를 찾았다

있었다. 매일 꾸준히 연습하며 동료들에게 조언을 구했다. 그리고 그들의 응원 속에서 경구투여와 채혈 기술을 익힐 수 있었다.

덕분에 난 퇴사 전까지 경구투여뿐만 아니라 꼬리 정맥투여도 거뜬하게 성공할 수 있었다. 연습에만 그쳤지만, 그래도 다시는 경험해보지 못할 소중한 추억이 되었다. 약효평가팀 막내 연구원들이 옆에서 봐주고 도와주고 알려주고 칭찬도 해줬기에 가능한 일이었다고 생각한다. 다른 동료들도 대단하다며 응원을 아끼지 않았다. 동료들의 따뜻한 말 한마디에 많은 힘을 얻었다. 어떤 동료는 나를 보면 인생극장을 보는 것 같다고도 했다. 나의 회사생활의 굴곡을 단편적으로 나타내줄 만한 비유에 나는 웃음 지었다. 그런 말에서도 위로를 받았던 것 같다. 나를 격려해주는 마음이 느껴졌기 때문이다.

팀장이나 리더로 새 인생을 사나 싶었지만, 동물실험을 시작하게 되면서 내가 마치 신입 연구원 같다는 느낌이 들었다. 어느덧 대표님은 실험동물 케이지 깔집 교체나 사료와 물을 채우고, 지저분해진 케이지 초벌 헹굼까지 내게 전담해달라고 했다. 초벌 헹굼이 끝난 케이지는 아르바이트 학생이 와서 세척했다. 그 이후 멸균하는 작업도 내가 대부분 전담했다. 처음에는 약효평가팀 막내 연구원들과 함께 그 작업을 했지만, 어느새 나만의 주 업무가 되어 있었다. 나는 분석기기 유지보수, 동물실 유지관리, 약물제조 및 투여 이후 과정인 채혈과 플라즈마 샘플의 전처리에서 분석까지 대부분을 진행하는 실험 담당자의 길로 가고 있었다.

처음 해보는 동물실 관리에 나름 보람도 있었다. 그리고 약동학분석팀 업무의 전 과정을 연습하고 업무에 적용하는 동시에, 폭주하는 업무를 척척 해내는 과정에서 재미와 희열도 느꼈다. 하지만 이러한 기쁨은 잠시뿐이었다. 더 나은 삶과 자아 성장이라는 욕구를 충족하기는 어려웠다. 나는 고액의 연봉을 받는 아르바이트생의 느낌이었다. 딱 그만큼이었다.

인생이 뜻대로 되지 않는 이유는, 그 길이 내 길이 아니기 때문이다. 나는 애썼지만, 그것은 자연스럽지 않았다. 내가 노력한 만큼 결과는 얻었지만, 결국 내가 행복하지 않은 길을 연장하는 꼴이 되었다.

인생이 잘 풀리지 않고, 괴로움의 연속일 때는 다시 생각해봐야 한다. 진짜 그 길이 내가 가고 싶은 길인지, 내가 하고 싶은 일인지 말이다. 세상은 나에게 다른 삶을 살아보라고 기회를 준다. 그것을 알아차리지 못하면 더 큰 시련으로 알려주기도 한다. 지금 내 인생이 뜻대로 되지 않는가? 삶이 고달픈가? 그 괴로움을 모른 척하고 버티며 힘들어하고 있는가? 그렇다면 자신에게 물어보자. 그 일이 진심으로 내가 하고 싶은 것인지 말이다.

제3장

나는 분석하는
연구원입니다만

나는 튀르키예 여행을 가기 위해 튀르키예어를 배운 적이 있다. 한국외국어대학교 튀르키예어과 학생들이 가르쳐주었다. 스터디 카페에 가입 후 몇 개월간 튀르키예어를 배웠다. 그때 만났던 분들은 모두 그곳 여행을 하고 싶거나 그곳에 가서 살고 싶다는 이유로 한곳에 모였다. 다양한 직업과 경험을 가진 사람들이 모여 한 나라의 언어를 배우는 시간은 새로운 경험이었다.

그 당시 튀르키예어 수업이 끝나면 뒤풀이가 이어졌다. 종종 튀르키예 사람도 와서 함께 즐기곤 했다. 우리는 튀르키예 술 라크도 마시고 실타래 같은 튀르키예 과자도 맛봤다. 언어와 그 문화를 조금이나마 간접 체험하는 기회였다. 그때 만난 사람들과 신나게 떠들며 즐거운 시간을 보냈다.

그렇게 몇 주가 지나자 사람들과 더 깊숙한 대화도 하게 되었다. 그들 중 한 명이 내게 물어봤다.

"무슨 일해?"
"나 건강기능식품 소재 연구 개발하는 연구원이에요."
"네가?"
"왜? 그렇게 안 보여요?"
"네가 연구원이라고?!"

대체로 나와 친해진 후 내 직업을 알게 된 사람 대부분 이런 반응이었다. 아마도 연구원의 이미지와 내가 맞지 않았나 보다. 내가 탕자마냥 신나게 놀고 웃고 떠드는 모습을 보면, 꼼꼼하거나 스마트한 느낌의 연구원을 떠올리기란 쉽지 않았을 것이다. 내 직업을 말한 뒤 사람들이 나를 다르게 보는 게 느껴질 정도였다.

내게 질문했던 사람에게 나는 똑같이 물어봤다. 그냥 평범해 보였던 그는 알고 보니 서울대를 졸업해서 삼성전자에 다니고 있었다. 나 역시도 그가 무슨 일을 하는지 듣고 난 후, 그 사람이 다르게 보였다. 그전에는 삐쩍 마르고 맥없이 보였는데, 이젠 똑똑해 보이고 잘생겨 보이기까지 했다. 이것이 후광효과인가? 연구원이라는 직업도 이런 긍정적인 효과가 있었던 것 같다.

하지만 연구원이란 직업도 회사원이다. 즉 연구직 회사원이라고 할 수 있다. 가끔 가까운 친구들에게 난 과학자라고 거들먹거리기도 했지만, 과학자와는 거리가 느껴지는 게 사실이다.

연구소는 회사에 소속된 일부 팀에 불과하다. 회사의 목표와 방향이 결정되면 대표로부터 연구소장과 팀장을 거쳐 업무지시가 전달된다. 목표대로 업무가 정해지고, 그에 맞는 결과를 얻기 위해 몸으로 수행하고 결과를 내야 하는 것이 일반 직장인과 다를 바 없다.

원하는 결과를 얻기 위해, 논문을 찾고 실험계획을 세운다. 그리고 계획에 따라 실험하고 결과를 낸다. 그 과정에서 원하는 결과가 나오기도 하지만, 뜻밖의 결과를 얻기도 한다. 적절한 방법으로 실험을 진행해서 예상한 대로 결과가 나오면 좋겠지만, 그렇지 못할 때도 많다.

실험 조건대로 정확히 수행하지 않았을 때 혹은 샘플이 바뀌거나 실험에서 빠뜨리고 수행할 때가 있다. 모든 단계를 순서대로 밟아야 하는데 그렇게 하지 않는 경우도 있다. 실험을 했지만 목적하는 바와 다른 방향으로 진행됐다면 재실험을 해야 할 수도 있다. 연구원이든 사무직이든 공무원이든 무수히 많은 오차와 오류 속에 놓여 있고 실수하는 이유도 다양하다.

중요한 것은, 그렇게 자신이 실험한 결과를 정리하고 나름대로 해석의 시간을 가져야 한다는 것이다. 그래야 다른 사람이 생각해내지 못한 것을 의미 있는 가치로 만들어낼 수 있기 때문이다. 이 가치에 따라 다음 계획이 어떻게 될지 결정될 수 있다. 연구직 회사원에게 더 강조하고 싶은 점이다.

상급자의 지시에 따른 실험만 수행하는 연구원이 아닌, 연구원으로서 지속 성장하고자 한다면 필수로 자신의 의견을 생각하고 적극적으로 표현해보길 바란다. 그것이 어떤 상급자를 만났는지에 따라 꽃피울 수도, 사장될 수도 있지만 가장 중요한 것은, 생각하고 표현해보라는 것이다. 이로 말미암아 내 의견이 업무에 적용되는 확률이 높아지는 것은 물론이다.

석사 과정을 시작하던 때 선배님이 이런 말을 해주셨다. 실험하는 사람에게 중요한 것은 양심이라고 말이다. 실험은 실험한 당사자가 제일 잘 알고 있고, 양심에 따라 그 결과를 실험한 대로 정리해야 한다는 것이다. 실험을 하다가도 이것을 조금만 바꾸면 원하는 결과로 만들 수 있다는 유혹이 있다. 상급자에게 좋은 결과를 보고하고 성과를 내고 싶은 욕심은 있겠지만, 연구원으로서 실험한 결과를 그대로 받아들이는 양심 있는 태도를 유지하는 것은 기본이리라. 그렇기에 선한 사람이 과학을 해야 한다고 생각한다.

그런 선배님의 가르침대로 나는 석사를 졸업했다. 실험하는 사람에게 중요한 것은 양심이라는 말은 그 당시 꽤 멋있는 말이라고 생각했다. 그리고 그 생각을 마음속에 새기고 연구원으로 첫 직장에 입사했다. 내 사수는 신입 연구원이었던 내게 그래프를 하나 만들어줄 것을 요청했다. 이전에 실험한 것과 최근 실험한 것을 비교할 수 있게 하나의 그래프로 합치기만 하면 되는 일이었다. 나는 그럴 수 없다며 그 업무를 거부했다. 내가 생각해도 어처구니없는 상황이다. 그때 사수였던 분은 내게 잘 설명해주셨던 기억이 난다. 그리고 연구자로서 양심을 지켜야 한다는 사명감을 갖고 있던 나를 이해하고 넘어가주었다.

그 일화를 생각하면 웃음이 나온다. 그리고 그렇게 이해해주신 사수에게 감사하다. 많이 부족했던 사회 초년생이 성장할 수 있었던 것은 바로 그런 직장 멘토를 만난 덕분이었다. 조금은 부족하지만 그런 면을 보듬어주는 분들과 함께 일할 수 있었음에 행복했다. 그들과 함께 일하면서 배울 수 있었고, 생각을 키울 수 있었다.

때로는 상사와의 대화가 원활하지 않았다. 난 어떻게 하면 대화를 잘할 수 있을까 찾아보기 시작했다. 그리고 온라인 수업을 신청하게 되었다. 그 수업은 직장 상사와의 커뮤니케이션을 위한 대화 스킬이라는 주제였다. 다음 날 출근해서 그 수업에서 배운 대로 팀장님과 대화를 해봤다. 난 더 확인할 것이 있었지만, 다음과 같이 말씀드렸다.

"결과부터 말씀드리면 A와 B 중에 A 함량이 1% 높게 나왔습니다."

"그럼 A로 진행해보세요."

그랬더니 내가 고민하던 문제는 더 이상 고민거리가 아니었다. 너무 쉽게 다음 단계로 바로 진행되었다. 그리고, 보고할 때 안 좋은 것을 제일 빨리 말해야 한다는 것을 깨달았다. 그리고 보고 받는 상급자가 마음의 준비를 할 수 있도록 어느 정도 정보와 더불어 내가 생각하는 해결책도 같이 보고하라는 팁도 있었다.

그 후에 내가 알고 싶은 것이 생기면 어떻게 해야 하는지 알게 되었다. 알고자 하는 것은 찾아보고, 공부하고 배우면 된다는 신념으로 각인되었다. 내가 원하는 것을 구하고 배우고 공부한 대로 실행했더니 엄청난 결과를 얻을 수 있었기 때문이다. 그래서 새로운 업무를 시작할 때나 모르는 것이 생겼을 때, 무언가 배워야 하는 상황이 되었을 때 등 어떤 상황에서든 부담감보다는 긍정적인 자세로 수용할 수 있게 되었다. 긍정적인 체험은 행동을 더 강화하는 효과가 있다는 것을 깨달았다.

연구직 회사원으로 출근한다는 것은 내게 연구원이라는 자부심을 느끼게 해주었다. 연구원으로서의 양심을 지키며, 연구 업무를 수행하는 주체로, 자존감도 높아졌다. 그리고 인생은 공부의 연속이라는 사실을 깨닫고 성장할 수 있는 시간이었다. 인생을 살면서 인간 황지혜로 성장할 수 있게 해준 연구원이란 직업을 사랑했다. 천연물 소재 연구 개발과 식품 연구 개발 그리고 신약 개발로 이어진 연구원의 삶이 주마등처럼 지나간다.

연구원으로 출퇴근했던 모든 날들이 내겐 너무나 소중한 추억이 되었다.

신약 개발 연구원이 되면
행복할 줄 알았다

신약 개발 연구원이 되고 나서 제일 처음 요청 받은 업무는 바로 내가 사용할 고가의 분석기기를 구매하는 것이었다. 전 직장에서도 분석기기를 구매해본 경험이 있기 때문에 고가의 장비라도 구매하는 데 큰 어려움은 없었다. 대금결제 과정에서 원활한 합의가 이뤄지지 않자, 처음과 다른 브랜드의 LC-MS/MS로 구매하기로 결정되었다. 내가 구매하고자 했던 익숙한 장비가 아니었다. 하지만 기기는 기본 원리가 같기 때문에 교육받고 사용하면 된다고 긍정적으로 생각했다.

이후 분석장비는 2개월 만에 설치가 완료되었다. 분석장비가 없던 시기에는 외부 연구기관에 분석을 의뢰했었다. 매번 분석 비용을 지불해야 했고, 결과도 바로 받을 수 있는 상황이 아니었다. 회사에서는 이런 불편함을 없애고자 나를 채용한 것이다. 분석기기는 해외에서 발송되기 때문에 그만큼 시간이 걸렸다.

그동안 나는 외부 연구기관 분석 담당자에게 분석법을 요청했고, 그것을 참고로 자사 분석법으로 정리했다.

그렇게 입사 초기에 구매한 분석기기를 기다리는 동안 소소한 업무들을 처리했다. 분석기기 설치가 완료되고 곧 신입 연구원 J도 입사했다. 이후 약동학분석팀은 2명이 되었고, LC-MS/MS 교육은 동시에 받았다. 분석기기 운용 교육을 받기 전부터 이미 업무가 쏟아지기 시작했다.

신약 개발 중인 합성화합물은 물에 대한 용해도가 매우 좋지 않았다. 그 화합물은 분석을 거듭할수록, 분석 후 기기에 이상현상이 나타났다. 순수한 용매만 주입해도, 그 화합물의 피크가 보였고 그 값도 점점 증가했던 것이다. 정상적인 상황이라면, 순수한 용매만 주입했을 경우, 아무런 피크가 나오지 않는 일정한 베이스라인을 보여야 한다. 난 이 화합물이 컬럼에 남아 계속 피크를 보이고 있는 것이라 판단했다. 오전부터 오후까지 컬럼 세척을 해봐도 그 피크는 줄어들지 않고 계속 동일한 수치를 보여주고 있었다.

나는 세척 시간이 부족하다고 생각했다. 왜냐하면 엔지니어에게 이 같은 상황을 설명했고, 그는 충분히 세척할 것을 권유했기 때문이다. 그런데 J는 분석할 것이 넘쳐나는데 계속 컬럼 세척만 하고 있을 수 없다는 것이었다. 하지만 난 베이스라인에서 계속 높은 피크값을 보이는데 분석을 진행할 수는 없었다. 그 상황에서 정확하고 신뢰할 수 있는 결과값을 얻을 수 없기 때문이었다. 분석 업무를 중단시키고 세척이 진행되도록 설정해둔 뒤 다음 날 출근해서 상태를 확인했다. 결국 피크값은 낮아졌다. 그리고 분석에 영향을 미치지 않는 선에서 세척을 멈췄고, 다시 샘플을 분석하기 시작했다.

이에 따라 분석법을 변경해야 할 필요성을 느꼈다. 하나의 분석 조건 안에서 모든 화합물이 잘 세척되어 나가도록 말이다. 분석법을 변경하는 것은 그리 어렵지 않았다. 시간이 오래 걸리는 작업도 아니다. 이동상 기울기의 최고점을 찍는 이동상 용매 조성을 90% 아세토니트릴과 10% 물의 조성이 아닌 100% 아세토니트릴로 바꾸기만 하면 되었다.

그 사이 J는 이전 외부 연구기관에 가서 로 데이터(Raw Data)를 확인한다며, 내게 플라즈마 샘플을 희석해서 분석해달라는 업무를 던지고 출장을 나갔다. 난, 내가 분석법 변경을 했던 것을 확인하는 작업 중이라 그 업무는 그날 분석하지 못한다고 말해둔 상황이었다. 그런데 J가 출장을 다녀와서 대표님이 그 일을 내가 하는 줄 알고 있다고 말했다. 난 그 업무를 확실히 하고자 대표님 방으로 갔다. 플라즈마 샘플을 희석해서 분석하는 업무는, 설날 이후 보고드리겠다고 정리했다. 대표님에게 직접 지시받은 일도 아니기 때문에 확인하는 과정이 필요했다.

그때는 대표님으로부터 J를 리더로 정했다는 문자를 받기 전이었다. 그렇게 급한 대로 기존 분석법으로 분석을 진행했다. 금요일 오후에 분석을 시작했다. 주말 이후에는 설 연휴가 이어졌다. 설 연휴가 끝나자마자 주간업무 미팅이 있었다. 결과를 제대로 들여다볼 시간적 여유 없이 약효평가팀과 같이 미팅하게 되었다. 대표님은 내게 첫 번째로 발표하라고 지시했다.

실험 결과는 분석기기 내 실험물질이 잔류해 피크로 나타나는 캐리오버가 있기 때문에 당연히 정확하게 나오지 않았다. 그리고 분석법을 개선한 결과도 보고하려고 했다. 캐리오버 때문에 분석법을 개선한 이유를 설명하려고 했다. 하지만 대표님은 내게 다음과 같이 말했다.

"(…)희석을 100배, 50배, 30배 해서 다시 실험해볼 것 같아요. 그렇게 실험을 오래 했던 경력이 있으면 나 같으면 그렇게 머리가 돌아갈 것 같아요."

그래서 나는 다시 한번 설명하려고 했다.

"이렇게 개선된 분석법으로 분석하게 되면…."

대표님은 개선이란 말을 쓰지 말라고 다그쳤고, 내게 발언권은 더 이상 없었다. 저농도에서 측정이 가능하다는 것을 말하고 싶었는데, 대표님은 내 말을 자르고, 자신의 생각대로 내게 일을 시켰다. 그때 J가 말하기 시작했다. J가 도와주려나 보다 생각했지만 그것은 큰 오산이었다.

"책임님, 죄송한데 저희가 지금 LC-MS/MS 쓸 시간이 너무 부족합니다. 지금 일이 너무 많이 밀려 있습니다. 분석법을 계속 개발해주시는 건 좋은데, 이미 있던 분석법이 신빙성 있게 나오기 때문에, 시간이 남으면 분석법을 개선해야 할 것 같아요."

나는 신빙성 있게 결과가 나온다는 말에 너무나도 충격을 받았다. 모두가 함께하는 미팅 자리에서 대표님과 그는 나를 나락으로 보내버렸다. 초등학생 때 발표하고 싶어서 매번 교실 천장에 손이 닿을 정도로 높이 들었던 나는 꿈을 이뤘다고 생각한 직장에서 꿀 먹은 벙어리가 되어갔다. 행복할 줄만 알았던 신약개발 연구원으로서의 삶은 내 자존감과 함께 바닥을 치고 있었다. 그렇게 난 바쁜 업무 속에서 시키는 일도 제대로 못하는 무능력자가 된 느낌이었다.

대표님은 내게 캐리오버를 잡는 것도 중요하지만 저농도까지 검출되어야 AUC값을 확인할 수 있으며 이것은 중요한 일이라고 했다. 그래서 고감도 분석기기를 이용해, 저농도까지 분석이 가능하도록 해야 한다고 했다. 내가 분석법을 바꾸고자 하는 이유가 저농도까지 분석이 가능하도록 캐리오버를 없앴던 것이다. 그 방법을 너무 빨리 찾은 것이 문제였다.

이후 개선된 분석법은 두 번 다시 언급하지 않았고 기존 분석법대로 분석을 진행했다. 물론 공들여서 세척을 한 후에 저농도까지 희석해서 분석했다. 그럴 수밖에 없었다. 다행히 용매만 주입했을 때 보이는 피크값이, 샘플 분석에 영향이 거의 없는 수준이 되었고 난 분석을 진행할 수 있었다. 그리고 더 이상 분석법에 대해 개선이란 것을 하지 않기로 마음먹었다.

물에 잘 녹지 않는 화합물이지만 적절한 용매에 녹이면, 향상된 PK 파라미터값을 얻을 수 있다. 그런 용매 조합을 찾았고 마우스에 고농도로 투여되었다. 그렇기 때문에 플라즈마 샘플 내에도 이전보다 화합물이 고농도로 검출되었다. 그래서 그것을 희석해서 분석했지만, 희석한 샘플조차도 고농도였다. 이런 샘플을 계속 분석하다 보니 물에 잘 녹지 않는 화합물이 소량씩 기기 내에 축적되었을 것이다.

다시 순수한 용매만 주입했는데도 그 화합물의 피크값이 분석 결과에 영향을 주는 문제가 불거졌다. 압력도 정상범위를 넘어, 기기가 정지되는 상황에 이르렀다. 그 축적되는 곳이 컬럼이라고 생각했다. 그러자, J가 원인을 찾자고 제안했다. 나는 이번에도 세척이 답이라고 생각했지만 그는 나와 생각이 달랐다.

내가 진행하던 세척을 정지시켰고, 이것저것 주입을 해보기도 하고, 컬럼을 빼보기도 했다. 그래도 그 피크값은 계속 높게 나타났고 압력도 낮아지지 않았다. 컬럼 오염이라고 생각했지만, 컬럼을 제거하고도 피크가 나오는 것을 보니 컬럼 오염문제만은 아니었던 것이다. 결국 엔지니어를 불러 확인해보니 검출기의 하나인 자외선검출기 내부로 연결된 플로우 셀(Flow Cell) 라인이 막혀 있었다. 기기 구입 후 6개월도 되지 않은 시점에서 말이다.

막혔던 라인을 뚫어서 압력은 안정화되었지만, 여전히 용매만 주입해도 피크값이 나왔다. 그래도 긍정적인 것은 이전보다 그 값은 훨씬 낮아졌다는 것이었다. 하지만 내가 생각하기에 여전히 정상 상태는 아니었다. 그래서 난 틈이 날 때마다 세척을 진행했다. 컬럼 세척이라고는 했지만, 이동상 용매가 흐르는 모든 라인, 샘플이 지나는 모든 라인을 세척하는 과정이었다. 그렇게 모든 상황을 정상화시켰다.

기기 유지보수는 내 담당이었기에 기기 분석이 최상의 조건이 되도록 해야 했다.

　이런 노력을 J가 알 리 없다. 내가 세척하고 있으면 분석하는 것보다 세척에 더 많은 용매를 사용하는 것 같다며, 으름장을 놓기에 굳이 말하지 않았다. 엔지니어의 방문 이후 기기는 안정적으로 결과를 내놓았다. 그렇게 되도록 난 정성 들여 세척을 해왔다. 엔지니어의 가이드도 이와 같았기 때문이다.

　내가 개선한 분석법으로 샘플을 분석해왔다면 결과는 어땠을까? 아마도 내가 따로 세척하는 시간과 노력을 들이지 않아도 되었을 것이다. 그리고 아직도 그렇게 가혹하게 기기를 사용하고 있다면 기기는 어떻게 되었을까? 이제는 알 길이 없다.

　연구를 하거나 인생을 사는 데 가장 중요한 것은 정도(正道)를 걷는 것이다. 더 빨리하려고 세척을 건너뛰고, 더 빠른 결과를 얻기 위해 단계를 건너뛰게 되면 결국 그 과정을 다시 시작해야 한다. 그래서 느린 것 같지만 정도를 가는 것이 가장 빠른 길임을 알 것이다.

　누가 뭐라고 해도 정도를 걸었기에 지금도 나는 최선을 다했다고 생각한다. 이런 내가 그들의 눈에는 달갑지 않았었나 보다. 함께 일하는 사람이 응원해주고, 경청해주는 환경이었다면? 난 행복하다고 느꼈을까? 아마도 그랬다면 신약 개발 연구원으로 만족하며 살아가고 있을 것이다. 그렇게 생각해보니 너무 아찔하다. 지금 이 행복을 모르고 살 뻔했다. 내게 시련을 주었던 대표님과 J에게 감사하다.

신약 개발 연구원도
진로가 고민입니다

나는 40세고, 82년생 황지혜다. 지방 국립대학교 농과대학 원예학과를 졸업하고 같은 대학교 약학대학원 천연약품학을 전공했다. 석사 학위를 받고, 천연물 소재 연구개발 연구원으로 그리고 식품 연구 개발 연구원으로 한 직장에서 15년 5개월을 일했다. 이후 신약 개발 연구소에서 연구원으로 10개월이라는 시간 동안 근무했다.

2002년 원예학과 2학년에 내가 원하는 '제약회사 연구원'을 종이에 적었고, 2022년 9월에 신약 개발 연구원이라는 직업을 얻었다. 20년 만에 종이에 적은 그대로 꿈이 이뤄졌다. 첫 직장에서 분석 경험으로, 신약 개발 연구원이 된 것이다. 분석기기를 운용할 수 있는 기술과 노하우를 가진 경력자로 말이다.

신약 개발 연구원으로, 분석하고 분석기기를 유지보수하는 것뿐만 아니라, 약동학이라는 분야의 연구를 진행했다. 약동학은

120

약이 인체 내로 어떻게 흡수되고, 인체 내에서 어떻게 분포하고, 대사되고, 배설되는지 인체가 약을 어떻게 처리하는지 연구하는 분야다. 임상시험을 시작하기 전에 실험동물을 이용한 전임상 데이터를 가지고 인체 약동학 PK 파라미터를 통해 임상 용량을 예측한다. 그 과정 중 난 초기 단계에 동물실험 및 PK 파라미터 산출로 전임상 데이터 확보에 기여하고 있던 셈이다.

PK 실험과 관련해 2월부터 동물실험을 시작해서 4월에는 혼자 할 수 있을 정도로 기술을 연마했다. 결과도 재현성 있게 잘 나오는 수준이었다. 그래서 모든 과정을 온전히 혼자 해내고 싶었다. 그렇게 할 수 있었고, 자신감도 있었다. 하지만, 약물투여와 PK 파라미터를 산출하고 보고서를 쓰는 것은 자신이 해야 한다며 J가 선을 그었다.

"책임님은 모르시잖아요."

그랬다. PK와 관련되어서는 수박 겉핥기식의 경험만 있기에 그것을 어떻게 해석해야 하는지, 그리고 그 파라미터들이 어떤 의미가 있는지, 어떻게 임상시험에 도움이 되는 정보인지 나는 해석할 수가 없었다. 모든 연구원이 있는 사무실에서 그런 모욕적인 상황을 겪었다. 하지만 사실이니 기분은 안 좋았지만 그러려니 넘겼다. 그리고 그다음 날 약동학 전공 서적을 구입해서 공부했다. 기본 개념을 메모해가며 읽었다. 그렇게 공부하면서 지식은 늘었지만, 진심으로 내가 하고 싶어 시작한 공부가 아니었는지 재미가 없었다. 그러다 보니 머릿속에 남는 내용도 별로 없었다.

그 후로 내가 하는 일의 수준은 더 단순화되었다. 오롯이 내가 진행하는 일은 없었다. 재미도 없고 보람도 없고 성취감은 전혀 없는 업무와 일상의 반복이었다. 생각할 시간과 여유는 더더욱 없었고, 몸만 힘들었다. 아니, 오히려 체력적으로 힘든 게 나았다.

J는 리더가 된 후로, 내 주 업무인 분석기기 관리에 대해 내 생각과 방식대로 진행하는 것에도 제동을 걸었다. 난 J와 더 자주 언쟁을 하게 되었고 그 끝은 내가 대표님에게 질책을 받는 것으로 정리되었다. 이런 상황이 반복되다 보니 J와의 언쟁을 피하기 위해 그가 하는 대로 놔두었다. 마주치고 싶지도 같이 일하고 싶지도 않은 상황이 되었다.

나는 잘하려고 애써왔다. 괴로웠지만 참았다. 노력해서 안 되는 일은 없다고 생각했기 때문이다. 하지만 그런 노력은 내가 진심으로 원해서 선택한 일에 쏟았어야 했다. 난 내 입장에서 바람직하지 않은 방향으로 나아가고, 그 방향에 에너지를 쏟고 있었던 것이다.

두 번째 직장에서 인생 2막을 꿈꿨다. 하지만 입사 후 4개월 만에 자존감이 바닥으로 곤두박질쳤다. 그래도 노력하면 나아지겠지라는 생각으로 6개월을 더 버텨냈다. 난 어떻게 나아질 수 있을까? 묻고 또 물었다.

그렇게 그 시간을 견뎌내며 다른 방법을 찾아보기 시작했다. 내가 선택해서 입사한 곳이지만, 진심으로 하고 싶은 일을 할 수 있는 상황은 아니었다. 그런 이유 때문일까? 난 다른 곳을 바라

퇴사 후 비로소 나를 찾았다

볼 수밖에 없었다. 앞으로 연구직 회사원으로 얼마나 더 일할 수 있을까? 다른 곳으로 이직하면 여기보다 나을까? 이직을 생각하면서 우선시했던 것은 연봉 인상이었고, 업무는 분석 쪽으로 찾아보게 되었다. 매일 이력서를 수정하고, 연락이 오는 헤드헌터를 통해 지원도 했다. 어느 헤드헌터를 통해 제약회사 분석 분야에 지원했고 리더로서 경험이 부족하다는 피드백을 받았다. 이후에는 이직이라는 것에도 흥미를 잃었다. 구직 사이트를 검색해봐도 나의 심장을 뛰게 하는 그런 곳을 찾기가 쉽지 않았다.

이런 답답한 상황이 이어지던 어느 날, 고등학교 친구들 모임을 가게 되었다. 친구 중 한 명이 나의 상황을 안타깝게 여기고, 박쌤을 소개해주었다. 친구의 소개로 그분을 만나 조언을 들을 수 있었다. 그분은 내 사주팔자를 풀이해주셨다. 내가 왜 이런 상황인지 내 성격이나 성향에 대해 이야기해주셨다. 그분의 조언은 마음의 위로가 되었다.

그리고 그분의 조언대로 내 외모를 돌보기 시작했다. 그리고 사람을 대하는 태도나 마음도 더 포용력 있게 생각하기로 했다. 다른 사람을 바꾸기는 힘들어도 내 자신을 바꾸는 것은 제일 쉽기 때문이다. 더불어 내 자존감에 스크래치 내는 것들에 더 이상 묵인하지 않기로 했다. 할 말은 당당히 하려고 노력했다. 그러자 바닥을 쳤던 자존감이 올라가기 시작했다. 그렇게 어느 정도 적응이 되어갔고 점차 현실에 안주하기 시작했다. 나는 긍정적인 사람이니 어렵고 힘든 상황이어도, 무조건 좋게 생각했다.

그 후 나는 내 마음을 어느 정도 다스릴 수 있었다. 불편하지만 괜찮은 척 지냈다. 어쩌면 자기합리화를 긍정적인 마인드라 여기며 내 자신에게 세뇌했던 것이 아닐까?

상황이 좀 괜찮아지나 싶었다. 그렇게 내가 더 노력하면 될 줄 알았다. 더 노력해서 나아졌다고 생각했지만 또 다른 허들은 계속 나타났다. 넘으면 넘을수록 끝없이 다가오고 있었다. 나는 이런 반복되는 삶에 지쳐만 갔다.

나는 꿈을 꾸고, 그 꿈을 이루며 성장하고 싶었다. 첫 직장에 다니면서 내가 진짜 원하는 일을 찾고자 여러가지 경험을 자청했다. 난 인생 전환이 필요했다. 더 풍요롭고 내 성장 욕구도 채워줄 수 있는 그런 일을 하고 싶었던 거다. 모두가 꿈꾸는 경제적 자유를 누리면서 말이다.

그렇게 나에게 오는 시련으로 나는 다른 삶을 꿈꾸기 시작했다. 인생이 내 마음대로 풀리지 않을 때, 해답을 찾고자 난 책을 찾아 읽었다. 내가 선택한 키워드로 검색되는 책을 닥치는 대로 마구 읽었다. 그러면 난 어느 정도 마음이 안정되고, 원하는 해답을 찾기도 했다. 책에서 조언하는 대로 내 상황에 맞게 실천해보기도 했다. 그래서 내게 도움이 되면 내 것으로 만들었다.

한 권의 책에는, 작가의 경험과 스토리 그리고 깨달음이 있다. 난 너무나도 빠르고 간편하게 그것들을 내 것으로 만들 수 있다. 내가 원하는 시간과 장소에서 그들의 인생, 그들의 깨달음 그리고 그들이 빚어낸 상상의 세계를 경험할 수 있다니, 이보다 더 가성비 좋은 종합예술이 어디 있을까? 내가 책을 좋아하는 이유다. 책은 나의 멘토가 되었다. 삶의 방향을 잡을 수 있게 길이 되었다. 나를 위로해주었고 재미와 감동도 주었다.

그렇게 책을 보기 시작했고, 어떻게 하면 이런 인생을 다르게 살 수 있을지 생각하면서 나의 성장 욕구, 인생을 다르게 살아보고 싶은 욕구로 인해 끌어당겨진 책들을 만날 수 있었다. 독서와 책 쓰는 과정을 통해, 난 더욱더 명확한 꿈을 꿀 수 있었다. 그리고 상상하는 힘을 기를 수 있게 되었다. 긍정적인 태도와 감사하는 마음으로 그 꿈을 향해 꾸준하고 담대하게 나아가다 보면 내 꿈은 현실이 되리라 믿는다.

고등학교 졸업 후 농과대학 원예학과, 약학대학원 약학과 천연약품학 전공, 천연물 소재 연구 개발 연구원, 신약 개발 연구원으로 이어진 20여 년의 여정을 지나왔다. 내가 보낸 시간과 경험 그리고 역경들을 통해 나와 모습은 다르지만 자신만의 힘든 여정을 견디며 사는 이들이 조금이나마 용기 얻기를, 그리고 어떠한 형태로든 도움이 되기를 바란다.

4년 전 인스타그램에 사진과 함께 남긴 짧막한 글이 있다.

'한때 꿈이 작가였는데, 아들 덕분에 책 6권을 완성했다. 짧은 일기지만 추억이고 역사가 되겠지.'

그때 첫째와 함께한 시간을 기록하고《맘스다이어리》란 책으로 결과물을 만들어냈다. 그러면서 내 꿈이 작가였던 것을 깨달았다. 이제는 어렴풋이 가지고 있던 내 꿈을 실현해가고 있다. 꿈은 꾸라고 있는 것이 아니라 이루라고 있는 것임을 깨닫는다. 그 꿈을 이루고 나면 또 다른 꿈을 꾸고, 더 큰 꿈을 생각하면 된다. 이제 더 이상 미래에 대한 고민은 없다. 하고 싶은 것을 하면 된다. 그게 전부다.

퇴사 후 비로소 나를 찾았다

나는 신약 개발 연구원으로 분석 업무와 장비운영을 담당할 경력자로 입사했다. 입사 초기에는 대표님으로부터 내가 운영할 분석기기 구매와 함께, 개발 중인 약물의 PK 결과에 대한 검토요청을 받았다. 그렇게 처음에는 어느 정도 무게감 있는 업무가 주어졌다.

분석기기의 모든 구매 절차를 완료했고, 해외에서 들여오는 일정을 조율했다. 이제 기기가 입고되기까지 기다리기만 하면 됐다. 그사이 PK 결과를 검토했다. 개발 중인 약물에 대한 PK 결과에 재현성이 보이지 않았다. 내가 생각했던 가장 큰 문제는 약물의 용해도였다. 왜냐하면, 투여 용량이 높아질수록 더 일관성 없는 결과를 보였기 때문이다. 그래서 이 내용을 이슈화했고, 첫 직장에서의 경험을 토대로 단순하게 몇 가지 식품첨가물을 구입해 용해도 테스트를 시도했다. 만족스러운 결과는 없었으나, 약물의 용해도가 키포인트라는 것을 인식시켰다는 데 의의를 두었다.

그러면서 틈틈이 대표님이 요청하는 분석을 진행했다. 논문을 찾아 실험을 세팅했다. 약물이 위액의 영향을 받는지 확인하는 실험이었다. 미국약전에서 명시한 인공 위액을 제조하고, 약물과 함께 처리한 후 시간에 따라 샘플의 반응을 종결한 다음 분석했다. 대표님은 조건을 변경해서 실험해주길 요청했고 그 결과가 나오는 대로 보고해달라고 했다.

그리고 대표님은 분석 결과를 가지고 다음 날 오전에 미팅하자고 했다. 퇴근 시간이 다 되어 대표님과 통화를 마쳤다. 그런데 이미 퇴근 시간이 다 되어서 분석기기에 샘플을 넣었기 때문에 분석결과를 얻기까지 몇 시간이 필요했다. 그래서 그 결과는 퇴근 시간 이후에 확인할 수 있었다. 그리고 미팅은 다음 날 오전이니 출근하자마자 결과를 정리해서 보고해야겠다고 생각했다.

그런데 퇴근 길에 대표님의 전화를 받았다. 휴대전화에서는 대표님의 격양된 음성이 고스란히 흘러나왔다. 대표님은 당일 늦게라도 결과를 듣고 싶어 출장을 다녀온 후 회사에 갔는데 정작 나는 퇴근한 상태였던 것이다. 다음 날 출근하자마자 대표님은 나를 불러 예정되었던 미팅에 들어올 필요 없다며 결과만 메일로 보내라고 했다. 그날 이후로, 대표님이 나를 대하는 태도에 엄청난 온도차를 느꼈다.

며칠 후 난 상무님께 상의를 드리고, 정밀저울 견적을 받아 보고 있었다. 합성화합물은 매우 미량이고, 대부분 신물질이기 때문에 상업적으로 표준물질을 판매하는 경우가 거의 없다. 그렇기에 정량분석 시 내부적으로 보유한 소량의 화합물을 표준물질로 사용할 수밖에 없다. 그래서 정밀저울을 이용해 정확하게 칭량해서 표준용액을 제조해야 한다. 정량분석은 표준물질을 이용해서, 표준곡선(Calibration Curve)을 그려야 하고, 이를 통해 샘플에 있는 화합물의 양을 계산하기 때문이다.

그래서 난 미량의 화합물을 정확하게 칭량할 수 있는 정밀저울 구매를 검토했던 것이다. 정밀저울도 브랜드와 사양에 따라 가격이 천차만별이지만, 가장 인지도가 있는 브랜드 두 곳에서 견적을 받은 상태였다. 그리고 그 필요성에 대해 대표님께 언급했다. 그러나 대표님은 외부 박사님이 정밀저울은 필요없다고 말했다면서, 내 제안은 쓸데없는 짓을 한 것으로 마무리 지었다.

이와 더불어, PK 분석과 동시에 관련 시험관 시험을 세팅하고자 시약구매를 진행하고 있었다. 시험에 사용할 시약의 목록을 작성했다. 그중에는 10mg에 200만 원가량 하는 고가의 시약도 있었다. 난 대체할 만한 저렴한 브랜드의 시약 견적을 받았다. 그리고 대체할 것이 없는 한 가지 품목은 그대로 보고했다. 그런데 대표님은 너무 비싸다며 시약 구매를 취소시켰다.

그렇게 대표님 마음에 나의 부정적인 이미지는 계속 쌓여갔다. 이후로도 대표님은 내게 부정적인 태도로 일관했다. 그 당시 회사가 스타트업 기업이라 재정적으로 넉넉지 못해서 그럴 수 있다고 생각했다. 그래서 약동학분석팀에 필요한 모든 것을 세팅하려고 했던 내 포부는 사라졌고, 비용이 최소가 되는 방법을 찾아야겠다고 다짐했다.

이후 J가 입사했고, 대표님은 J와 나에게 동일한 결과가 나오는지 확인하기 위해 동일한 업무를 주었다. 모든 단계에서 의심하고 확인하며 검증해가는 것이 대표님만의 방식이라고 생각했다. 고감도 분석기기를 처음 사용하고 적응하는 과정이었기에 실험결과가 동일하게 나오지 않았다. 동일한 분석이지만, 내가 플라즈마 샘플 전처리하는 과정 자체에 익숙하지 않아 오차가 있었다. 결과 정리는 J가 했고, 그 결과만 보면 내 정확도는 좀 떨어져 보였다. 이에 따라 내 입지는 더 좁아지는 듯했고, 그 과정이 흡사 J와 내가 경쟁하는 것 같았다.

내 모습을 안타깝게 여긴 약효평가팀 책임연구원님이 내게 조언해주었다. 나 역시도 현재 연구개발 중에 있는 약물의 PK와 약효평가 결과에서 긍정적인 결과를 확보할 수 있는 방법을 제시하고, 내 자리를 찾고 싶었다. 실험결과를 잘 내놓는 것으로 경쟁하는 것이 아니라, 책임급 연구원으로서의 역할을 하고 싶었던 것이다.

그래서 물에 대한 용해도가 매우 좋지 않은 약물의 용해도를 증가시킬 수 있는 논문을 찾았다. 그 내용을 엑셀파일로 정리했고, 가장 많이 사용하는 가용화제들을 목록으로 만들었다. 내가 시도해보고 싶은 사례를 예를 들어, 약물의 PK 결과를 개선할 만한 프레젠테이션도 준비했다. 대표님의 반응도 긍정적이었고 진행해보라는 허락을 구했다. 그 가용화제는 빠르게 구매를 진행했지만 해외에서 들어오는 품목이라 내가 받아보는 데 시간이 걸렸다. 그 사이 J는 약물이 잘 녹는 용매조성을 찾아냈다. J는 내게 오더니, 이렇게 말했다.

"책임님, 제가 잘 녹는 용매조성을 찾아서, 이제 책임님은 안 찾으셔도 될 것 같습니다."

그의 결과와 상관없이 나는 내가 계획했던 실험을 진행하고자 했다. 국내 재고가 있는 다른 가용화제를 확보했기에 빨리 테스트하고 싶었다. 그래서 대표님에게 약물 100mg을 사용하고 싶다고 승인요청을 했다. 왜냐하면 여러 가지 가용화제와 여러 농도에서 테스트해야 하기 때문이었다. 대표님은 어떤 농도로 할 것인지 부피는 얼마로 할 것인지 물어봤다. 그래서 '10mg/ml로 0.5mL 만들어보려고 합니다. 가용화제가 40%, 20%, 10%가 되도록 수용액으로 만들어 녹여보려고 합니다'라고 회신했다. 그 후 대표님에게 답변을 받았는데, J와 상의하고 화합물을 아끼는 방법을 생각해서 다시 보고하라는 내용이었다. 약물을 아끼는 것도 좋지만 이미 kg 단위로 생산해서 보유하고 있었던 그 상황에서 실험용으로 쓸 약물에 대한 사용승인을 받을 수 없었다.

그리고 이어서 대표님은 J를 리더로 정했다며 '앞으로는 J와 모든 걸 상의하고 보고하도록 하세요'라고 내게 문자를 보냈다. 계속 그런 느낌이 있었다. J의 태도에서 그리고 내가 겪는 상황에서, J라는 어린 팀장을 모시는 느낌 말이다. 그것이 현실로 명확해진 것뿐이었다. 결국 약물 2mg을 J로부터 전달받아 테스트 했지만 실패로 끝났다. 그리고 내 테스트는 '이미 잘 녹는 용매 조성을 찾았기 때문에' 그리고 '지금 해야 할 일이 너무 많기 때 문에'라는 이유로 묻혀버리고 말았다. 나 역시도, 그 테스트를 시도할 마음이 전혀 생기지 않았다.

그 시기에 논문 검색과 정리를 위해 사무실에 앉아 있는 시간 이 많았다. 왜냐하면 대표님으로부터 어떤 업무 지시를 받은 것 이 없었고, 실험은 모두 J가 진행했기 때문이다. 그리고 며칠 후 대표님으로부터 동물실험 제의를 받고, 동물실험을 시작했다. 더불어 동물실 유지관리도 약효평가팀 막내 연구원들에게 배우 기 시작했다. 얼마 지나지 않아 약효평가팀의 업무가 많기 때문 에 동물실 유지관리는 내가 전담하게 되었다.

내 주 업무는 분석이었다. 분석기기를 유지관리하는 것을 포 함해서 말이다. 하지만 동물실험도 가능해야 업무를 할 수 있다 며 내 업무 범위가 다시 정해졌다. 그에 따라 난 동물실험을 배 우고, PK 실험이 모두 가능한 상태를 이뤘다. 그러나 대표님이 내게 요청하는 업무는 동물실 유지관리, 동물실 하수구 냄새 관 리뿐이었다. 그렇지만 나는 최선을 다했다.

동물실 관련 업무를 시작한 지 얼마 안 되었지만, 대표님은 내 게 전담해달라고 할 정도로 빠르고 완벽하게 적응했다. 동물실 유지관리는 아르바이트 학생이 해도 될 정도의 난이도가 낮은 업무였다. 단순 반복되는 작업이 대부분이었다. 하지만 단순 업

퇴사 후 비로소 나를 찾았다

무라도 모든 업무가 중요하고 누군가는 꼭 해야 하는 일이다.

내가 생각하는 연구원으로서 나의 가장 큰 장점은 배움에 대한 열정 그리고 긍정적인 태도라고 생각한다. 새로운 업무에 대한 제의는 언제나 환영이었다. 그 덕분에 동물실험도 동물실 관리도 전담할 수 있었다. 어떤 분야에서 일을 시작하든 회사에 소속되면 원하지 않는 업무도 하게 된다.

어떤 마음가짐으로 일을 대하느냐에 따라 그 과정에서 내 업무에 대한 경력이 더 늘어날 수도 있고 반복적인 업무를 통해 나만의 노하우가 생길 수도 있다. 그러면서 또 다른 기회가 생기기도 한다. 아니면 완전히 다른 선택으로, 인생의 방향을 바꾸는 전환점이 되기도 한다.

언제나 선택은 자신의 몫이다.

16년 일할 수 있었던
비법은 바로 태도입니다

직장생활이 오랫동안 유지되는 이유는 뭐라고 생각하는가? 연봉? 인간관계? 업무? 집과의 거리? 아마 모든 조건이 기준에 맞다면 오랜 시간 같은 회사를 다닐 수 있다고 생각하는 사람이 많을 것이다. 맞는 말이다. 하지만 난 조금 다르게 생각한다. 난 무엇보다 그것들을 대하는 나의 태도라고 생각한다. 태도라고 한다면, 인간관계와 일을 대하는 나의 태도를 생각해볼 수 있을 것이다. 내가 16년 일할 수 있었던 비법은 그 태도에 대해 나만의 깨달음대로 실천했기 때문이라고 생각한다.

첫 직장에서는 내 꿈이 실현되었고, 흥미 있는 일이었으니 재미는 있었다. 자연에서 찾은 소재를 가치 있게 만드는 일이 내게 의미 있게 느껴졌다. 함께 일하는 동료들과도 사이좋게 지냈다. 한 번은 선배 연구원에게 나의 장점이 무엇인지 물어본 적이 있었다. 그러자 그분은 이렇게 대답했다.

"태도가 좋다고 해야 하나? 잘못한 것은 바로 인정하고, 그 후에 바로 하하 호호 하면서 긍정적으로 받아들이는 모습이 장점이라고 생각해."

직장은 사람과의 관계 속에서 일할 수밖에 없다. 그래서 사람 사이의 관계에서 태도가 중요하다고 생각한다. 또한 상대방을 변화시킬 수 없다는 것을 잘 알고 있다. 가장 쉽고 빠른 길은 내가 변하는 것이고, 내가 변한다는 것은 사람을 보는 관점과 태도가 달라지는 것이다.

첫 직장에서 입사 동기 중 나보다 5살 많은 남자분이 있었다. 처음에는 다른 동료들보다 더 가깝다고 생각했다. 하지만 그가 말하는 것을 들어보면 나와 결이 맞지 않았다. 그는 정확하게 분석하고 신랄하게 비판하며, 관료주의적인 사고방식을 가지고 있었다. 게다가 목소리도 크고 말도 잘했다. 나는 그와 대화하는 것이 불편했다. 어느 날 회식 자리에서 그에게 그동안 느꼈던 불편한 감정을 말했다.

"당신은 강한 사람한테 약하고, 약한 사람한테 강하다."

그랬더니 그는 대답했다.

"나보다 윗사람 말에 잘 따르고 아랫사람을 잘 관리해야지."

그때부터 '아 저 사람은 저렇게 생각하는구나, 그래서 말도 그렇게 하는구나' 깨닫고, 그를 이해하기 시작했다. 그는 자신의 생각이 맞다고 확신에 차서 말하는 사람이었다.

그는 나보다 빠르게 승진하면서 직급 차이가 나기 시작했다.

나보다 직급이 높아지면서 대부분의 말투가 명령조였고, 가끔 말을 거칠게 했다. 그의 말이 틀린 것은 아닌데 말투 때문에 반감이 일어났고, 때로는 스트레스로 다가왔다. 그와 입사 동기로 가장 오랜 시간을 함께 일했지만, 가장 거리를 뒀던 관계로 남아 있다.

한 직장에서 오래 일할 수 있는 가장 큰 부분을 차지하는 것은, 인간관계에서 오는 스트레스를 어떻게 대처하느냐의 문제인 셈이다. 나와 맞지 않는 사람과 잘 지낼 필요는 없다고 생각한다. 업무에 방해되지 않는 선에서 소통하면 된다. 그 소통마저도 선을 넘을 경우에는 주위의 도움을 받을 필요가 있다.

연구업무는 함께 일하는 사수와 팀장님, 소장님이 있기에 그 방향에 맞게 실험하고 결과를 내기만 하면 된다.

입사 초기에는 소재 연구 개발팀에서 분석과 물질을 연구하는 업무를 주로 했다. 그러던 어느 날 갑자기 세포실험도 할 수 있는 기회가 생겼다. 그때도 배워두면 좋을 것이라는 생각이었다. 세포를 기르고, 실험하고, 분석하고 결과를 내는 일련의 과정이 재미있었다. 그때 경험으로 두 번째 직장에서도 업무를 이해하는 데 많은 도움이 되었다. 연구 분야에서 오랜 시간 근무하다 보니, 어떤 식으로든 연결되는 부분이 있었다.

두 번째 직장에서 분석기기 운용 담당자로 입사했지만, 동물실험을 하고 동물실을 유지관리까지 하게 되었다. 직급은 책임

연구원이었지만 동물실에서는 막내 연구원과 다름없었다. 하지만 그 안에서 이것은 이것 때문에 재미있고, 저것은 저것 때문에 재미있다며 나름대로 그것에 의미를 부여했다. 이렇게 스스로 세뇌하며, 반복적이고 단순하게 계속되는 업무라도 지속적으로 할 수 있는 힘을 키울 수 있었다.

준비실에서는 케이지에 깔짚을 잘 펴 넣어 멸균했고, 실험동물들이 먹을 사료와 물도 멸균했다. 일주일에 두 번 그 작업을 했다. 그날도 어김없이 멸균 준비를 하기 위해 준비실에 들어갔다. 그런데 약효평가팀 막내 연구원이 이미 케이지에 깔짚을 펴넣고 있었다. 그 작업을 하는 연구원에게 이렇게 말을 걸었다.

"재미있는 것을 선점했네요!"

그러자 그 연구원은 내게 이렇게 받아쳤다.

"놓칠 순 없죠!"

그 연구원의 긍정적인 대답으로 그날은 기분 좋은 하루가 되었다. 단순 반복되는 작업에 그렇게 생기를 불어넣었다. 실험할 때 대부분은 단순하게 반복되지만 꼭 해야 하는 일, 기술이나 경력 없이 누구나 할 수 있는 일들이 있다. 그런 일들은 대부분 입사한 지 얼마 안 된 연구원의 몫이 된다.

난 동물실에 들어갈 때 막내 연구원의 마음이었다. 배움을 우선으로 했기 때문에 다른 부정적인 생각은 하지 않았다. 최대한 빨리 업무를 익히고 도움이 되고 싶었다. 150개 정도 되는 케이지에 깔짚을 다 펴 넣은 후, 그것들이 쌓여 있는 모습을 보면서 성취감을 느꼈다. 내가 멸균한 사료를 마우스들이 맛있게 먹는 모습을 보면서 뿌듯함을 느끼기도 했다.

　사람을 대할 때와 연구라는 일을 할 때는 긍정적인 태도와 배움의 자세로 임했다. 그러기 위해 내 마인드부터 관리했다. 그런 마인드는 내게 연구직이라는 분야에서 오랜 시간 일할 수 있는 끈기를 길러주었다. 한 분야에서 경력을 쌓으면서 중요한 사실을 깨달았다. 그것은 인간관계든 일이든 나를 긍정적인 상태로 유지하는 것이 내 정신건강에 가장 중요하다는 것이다. 내가 행복하고 기분이 좋아야 일이 잘 풀리기 때문이다. 원하는 일을 이루기 위해서 내 상태가 제일 중요한 이유다. 내 상태를 최상의 조건으로 유지하면 부정적인 상황을 맞이하더라도 완충 효과가 있다.

　난 16년간 연구원으로 일하면서 지금까지 그렇게 나를 단련시켜왔다. 긍정적인 사고로 단단해진 난, 앞으로 내가 생각만 해도 가슴 뛰는 일에 에너지와 시간을 오롯이 쏟을 것이다. 그런 긍정적인 태도가 나의 성공 비법이다.

긍정을 뛰어넘는 초긍정이 가능할까? 네이버 국어사전에서는 초긍정을 다음과 같이 정의하고 있다. '보통보다 훨씬 더 긍정적인 성질이나 특성.' 그리고 덧붙여진 예문도 인상적이다. 도둑에게 가게를 털린 기념으로 공짜 커피를 제공한 '초긍정 마인드 카페 사장'이 화제라는 예문 말이다.

긍정적인 사고를 해온 사람이라면 자신에게 부정적인 일이 생겨도 사고의 전환이 긍정적으로 되는 모습을 볼 수 있다. 초긍정은, 이미 긍정적인 사고를 하는 사람이 위기의 상황에서 더 빛을 발하는, 긍정을 초월하는 마인드가 아닐까.

이렇게 초긍정의 자세로 사는 사람들에게는 기적이 자주 일어난다. 생각지도 못한 곳에서 기회가 생기기도 한다. 자신은 운이 좋다고 생각하는 것도 긍정적인 사고를 통해서 긍정적인 경험을 했기 때문이리라. 이렇게 행운이 오는 것은 우연히 나타난

것이 아니다. 모두 자신이 끌어당긴 것이다. 긍정적인 생각은 긍정적인 것을 끌어당기고, 부정적인 생각은 부정적인 것을 끌어당기고 있기 때문이다.

천연물 화학 연구법에서, 식물을 추출한 후 얻은 추출물로 대량의 추출 분리를 하고자 할 때 그 방법 중 하나가 '액체분배법'이다. 이 방법은 극성인 물질은 극성 용매에 비극성 물질은 비극성 용매에 잘 녹는 성질을 이용해서 용매분획을 하는 것이다. 그러면 화학적 특성 중 극성이 비슷한 성분들을 분획물로 얻을 수 있게 된다. 이렇게 비슷한 것끼리는 끌어당기는 성질이 있다. "끼리끼리는 과학"이라고 하는 말이 정말 과학에서도 이용되고 있다.

천연물 화학 연구에서는 유효성분을 밝히고, 성분과 활성과의 관계를 밝히는 것이 박사 과정의 논문 주제가 되기도 한다. 나는 석사 과정에서 꾸지뽕이라는 식물의 근피를 추출, 농축해서 용매분획을 한 후 오픈 실리카겔 컬럼으로 분리하기 시작했다. 나는 활성을 나타내는 분획물을 우선적으로 분리했다. 분리하는 과정이 순탄치 않을 때도 있었다. 그러면 눈문을 찾아보거나 식물도감을 보는 등 여유를 부렸다. 그러면서도 머릿속에는 어떻게 하면 분리를 잘할 수 있을까라는 생각이 끊임없이 이어졌다.

그렇게 하루를 보내고 다음 날 어떻게든 다른 시도를 해보리라 다짐하고 연구실에 갔다. 그러면 때때로 분획물에 침전이 보이기도 했다. 그 침전은 어느 정도 분리가 진행된 상태에서 생성

된 것이기 때문에 대부분 단일 화합물인 때가 많다. 그렇게 손쉽게 단일 화합물을 얻기도 했다. 참 운이 좋았다.

연구직이지만 늘 어떻게 하면 재미를 느낄 수 있을까 고민했다. 왜냐하면 내가 흥미를 느끼거나 재미를 느껴야 일할 때 스스로 동기부여되기 때문이었다. 성과가 바로 나타나지 않는 지루한 일이라도 의미를 부여했다. 새로운 소재를 찾는 일은 그 가치를 발견하는 일이기 때문에 재미있다고 말이다.

분석할 때 물질마다 분리가 잘되는 조건을 찾는 일은 방 탈출 게임에서 그 방법을 찾는 것과 같이 흥미진진했다. 분리가 잘되는 분석법으로 추출물 정량분석을 완료했을 때는 방 탈출 방법을 찾아 방을 빠져나온 것 같은 희열을 느꼈다. 분석법을 정리한다는 것은 방 탈출하는 방법을 설명서로 만드는 작업인 셈이다.

새로운 업무를 시작하고, 실험을 배우고, 새로운 환경에 적응하고, 처음 보는 사람과 관계를 맺는 일이 나에게는 즐거운 일이었다. 내가 새롭게 시작하는 업무는, 내가 배울 수 있고, 새로운 경력을 쌓을 수 있는 기회라고 생각했기 때문이다. 새로운 연구기술을 습득하는 것은 내게 도움이 된다는 생각에 대부분 기쁜 마음으로 수용했다.

동물실험을 배울 때도 마찬가지였다. 동물실험을 익히면 연구의 흐름을 이해하는 데 많은 도움이 되리라는 것은 의심할 여지가 없었다. 그리고 직급이 높아지면 직접 실험할 기회가 줄어드는데, 난 직접 동물실험을 할 수 있어서 엄청난 기회라고 생각했다.

　그렇게 동물실험을 시작하고, 매일 실험동물들을 보면서 그들의 운명에 대해서 생각하게 되었다. 실험동물들은 왜 저렇게 태어났을까? 그들은 어떤 소명을 가지고 실험동물로 태어났을까? 동물실에서 마우스들이 입고되고부터 희생되기까지 몇 차례나 그 과정을 지켜봤다. 실험동물의 일생을 잠깐이나마 바라봤던 연구원으로 다음과 같은 생각을 했다.

　'실험동물은 조그만 케이지에 갇혀 연구원들이 제공해주는 사료를 먹고 물을 마신다. 때로는 깔짚과 자신의 변 혹은 다른 마우스의 변을 과자처럼 먹기도 하는 그들은 어떤 삶을 살고 있는 건가. 그들은 지금 이생을 살고 다음 생에 어떤 존재로 다시 태어나게 될까. 죽어야만 이곳을 나갈 수 있는 그들은 인간의 질병을 낫게 하는 신약 개발에 도움이 되고 다시 영혼이 된다.'

　비록 이번 생에 실험동물로 태어났지만, 다음 생에는 더 나은 생명체로 태어나기를 기도했다. 나는 동물실험 후 희생된 마우스들의 넋을 기렸다. 그들에게 일일이 감사 인사를 하고, 더 좋은 곳으로 가라며 위령제를 지냈다.

　그들의 소명을 생각하고 난 뒤, 그들을 희생시킬 때 마음의 가책에서 자유로울 수 있었다. 더불어 동물실험 능력이 비약적으로 성장할 수 있었다. 그 이유는 단 하나다. 내가 약물투여와 채혈하는 것을 신속하면서도 정확하게 잘해야 이들이 덜 고통스러울 거라고 생각했기 때문이다.

조카가 한 명 있었다. 조카는 뇌에 종양이 생겨 상황이 좋다 안 좋다를 반복하다가 입원해서 치료받고 있었다. 그러던 중 남편과 함께 병문안을 가기로 했다. 조카에게 어떤 선물이 좋을까 아무리 고민해봐도 마땅한 것이 떠오르지 않았다. 그때 윤성희 작가의 《기적의 손편지》라는 책을 접했고, 손편지를 선물하기로 마음먹었다. 갓 스무살 된 꽃다운 나이의 조카가 좋아할 만한 편지지를 고르는 것은 여간 힘든 일이 아니었다. 그리고 책 내용을 바탕으로 수정해서 편지를 썼다.

병원에서 그 손편지를 조카에게 전달했다. 며칠 후 조카는 영종도에 있는 요양병원으로 옮겼다. 내가 어렸을 때 텔레비전에서 본 내용이 기억이 났다. 그것은 암에 걸린 사람이 포도를 먹고 완쾌되었다는 내용이었다. 그 기억을 바탕으로 나는 조카에게 포도를 사줘야겠다고 생각했다. 다행히도 조카는 캠벨 포도를 좋아한다고 했다.

나는 매주 유기농 캠벨 포도를 2kg씩 조카가 있는 요양병원으로 보냈다. 추석 때는 영상통화를 할 정도로 많이 좋아 보였다. 점점 날이 추워지고 유기농 캠벨 포도는 더 이상 구매하기가 어려워졌다. 조카는 병세가 악화되었고, 요양병원에서 병원으로 옮겨졌다. 나는 《그리고 모든 것이 변했다》의 저자 아니타 무르자니(Anita Moorjani)처럼 조카가 일어나 퇴원해서 행복하게 여행하는 상상을 하며 기적을 바랐다. 하지만 이제는 조카의 웃는 얼굴을 사진과 영상으로만 볼 수 있을 뿐이다.

연구원은 가설을 세우고 그에 맞게 실험 계획을 짠다. 계획에 따라 실험을 수행함으로써, 가설을 증명하게 된다. 그렇게 증명된 과학적 근거로 가설을 입증하기도 하며, 새로운 지식을 발견하기도 한다. 나는 계획한 대로 실험하고 결과를 내는 등 프로젝트를 수행하며 연구 개발하는 연구원이었다. 하지만 한편으로 상상하면 이루어진다는 것, 끌어당김이라는 우주의 법칙을 믿기도 했다.

업무, 사람 혹은 어떤 상황을 대하든, 난 긍정적인 생각과 태도로 그것들을 수용했다. 그리고 무엇보다도 나는 정신건강을 중요하게 여겼다. 내 인생을 살아가는 데 나보다 중요한 것이 어디 있을까. 나의 초긍정 자아는 그런 자기 사랑에서 시작되었다. 그리고 그런 나를 있는 그대로 이해해준 이들에게 감사하다. 내가 나를 사랑하니 자연스럽게 다른 사람도 있는 그대로 대할 수 있게 되었다. 사랑까지는 아니더라도 사람을 미워하지 않는다. 다만 그들이 내뱉는 예의 없는 언행을 미워할 뿐이다.

힘들거나 어려운 일을 만난다면 부정적인 생각보다는 긍정적인 생각으로 사고의 전환을 해보자. 요즘 흔한 말로 '정신 승리'라고 불러도 좋다. 시련이나 위기가 와도, 긍정적인 생각으로 무장하고 나의 길을 꾸준히 가보자. 그러다 보면 내가 꿈꾸는 일이 더 이상 꿈이 아니고, 그것이 실현되고 있고 그 과정에 내가 있음을 깨닫게 될 것이다.

스펙, 부족해도
나만의 무기를 만들자

나는 농과대학 원예학과에 지원했다. 나의 수능 점수에서 안정권으로 선택할 수 있었기 때문이었다. 아마도 내가 태어나고 자란 고향의 영향도 있었을 것이다. 나는 단양이라는 깨끗한 환경 속에서 자연을 가까이하며 성장했다. 어렸을 때 등기소 관사에서 살면서 바위에 기어오르며 놀기도 하고, 잘 정돈된 철쭉 등 관목과 조경수들을 보며 자랐다. 어렴풋이 조경이라는 분야에 매력을 느꼈던 것 같다.

원예학 전공으로 대학교를 졸업한 후, 사회인으로서 살기 위해 어떤 일을 할지 생각하기 시작했다. 조경에 관심이 있어서 원예학과를 선택했지만, 점차 자원식물의 응용에 대한 관심으로 옮겨갔다. 더 나은 삶을 위해 제약회사 연구원이 되길 원했고, 이 꿈은 약학대학원 진학으로 이어졌다.

제약회사 연구원이라는 열망은 약학대학원 석사 졸업장으로 한층 현실에 가까워졌다. 그리고 졸업논문이 완성되자마자 이력서를 준비했고, 매일 회사 맞춤형 이력서를 작성해서 지원하기 시작했다. 매일 이력서를 작성했지만, 토익 점수는 기재하지 않았다. 내가 생각했던 기본 점수에 미치지 못했기 때문이었다. 그 흔한 토익 점수도 없이 나는 첫 직장에 입사하게 되었다.

하지만 또 다른 난관이 기다리고 있었다. 사장님은 나를 포함해서 그 당시 입사한 세 명에게 미션을 주었다. 공교롭게도 입사 동기들은 모두 지방대 출신이었다. 더불어 토익 점수가 사장님의 마음에 들지 않았던 모양이다. 그때 사장님은 약 한 달이라는 시간을 주었다. 그리고 2007년 1월 입사한 세 명 모두 토익 점수 700점을 넘기지 못하면 퇴사하겠다는 조항이 적힌 계약서에 사인했다.

세 명은 매일 토익 공부를 했고 일주일에 한 번씩 모여서 모의고사를 봤다. 나는 크게 걱정하거나 불안하지 않았다. 공부하면 성적은 오를 것이고 그렇게 높은 점수도 아니었기 때문이었다. 긍정적인 마음을 가지고 입사 동기들과 함께 토익 공부를 하니 재미있었다. 우리는 성적을 높였고, 다행이었는지 모두 사장님보다 오래 회사에 다닐 수 있었다.

입사 초기 첫 미션을 통과하고 천연물 소재 연구 개발팀 일원으로 연구원의 삶을 이어갔다. 공정개발 중 톤 단위의 생산공정까지 진행했다. 나는 그 과정에서 20L 캔에 담긴 발효주정 수십

퇴사 후 비로소 나를 찾았다

캔을 탱크에 쏟아붓기도 했다. 자연스럽게 노동 강도가 비교적 센 업무와 함께 각종 유기용매에 노출될 수밖에 없었다. 그 당시 싱글이었지만, 결혼하고 임신하게 되면 이런 것들을 견디며 일해야 하는 것이 조금 걱정스러웠다.

건강기능식품 원료를 제조할 때 식용 가능한 발효주정과 물을 주로 사용하지만, 헥산이나 에틸아세테이트와 같은 휘발성이 강하면서 특유의 냄새도 있는 유기용매들을 사용했기 때문이다. 그리고 분석 시 메탄올이나 아세토나이트릴 등도 사용하는데 모두 인체에 좋지 않은 영향을 줄 수 있다.

그런 걱정을 할 즈음 식품 연구 개발팀으로 사간 전보해 업무가 완전히 바뀌게 되었다. 그리고 다시 천연물 소재 연구 개발팀 소속으로 복귀해서 분석 업무를 주로 하게 되었다. 다행히 결혼해서 아이 둘을 낳아 기르는 데 문제 되지 않았다. 정말 운이 좋았다.

그렇게 식품 연구 개발팀에서 4년 동안 근무했고, 분석법 세팅 업무를 전담할 연구원으로 추천되어 분석이 주 업무가 되었다. 덕분에 그동안 다뤄보지 못했던 분석기기들과 분석법들을 다양하게 접할 수 있었다.

첫 직장에 내가 입사할 수 있었던 이유도 분석할 사람이 필요했기 때문이었다. 천연물 소재 개발 연구원으로서 첫 업무는 분석법 개발 및 분석법 밸리데이션(Method Validation, 원료 및 의약품 등의 품질관리를 위한 분석방법의 타당성을 미리 확인해보는 과정)이었다. 이후에 공정개발 업무를 하면서 발생되는 샘플은 대부분 내가 분석하게 되었다. 식품 연구 개발팀에서 완제품을 개발하고 있을 때도, 분석법 세팅할 인력이 구해지지 않자 내가 추천되었다. 나도 분석 업무를 선택했기에 분석 연구원으로 경력을 쌓을 수 있었다. 그렇게 해서 난 '분석'이라는 나만의 무기를 장착할 수 있었다.

이후 헤드헌터를 통해, 스타트업 기업이자, 항암제를 개발하는 연구소에 약동학분석센터 책임연구원으로 입사하게 되었다. 분석기기 운용 그리고 분석 업무가 내 주 업무였다.

나는 LC-MS/MS를 세팅했고, 외부 연구기관에서 제공해준 분석법을 토대로 자사에 분석법을 마련했다. 그리고 분석과 분석기기 유지관리를 하며 약동학 동물실험까지 마스터하는 경력을 쌓았다.

스펙은 부족했지만, 내게 오는 업무는 모두 긍정적인 태도로 받아들였다. 진심으로 재미있다고 여기며 모르는 것은 배우고, 익혀서 결과를 냈다. 열정을 가지고 적극적으로 내 역량을 키워나갔다.

이 모든 것은 긍정적인 마음가짐이 바탕이 되었다. 긍정적인 사고방식을 스스로에게 세뇌시키며, 긍정적인 마인드를 내재화하니, 긍정적인 시각으로 미래를 바라볼 수 있었다. 생각이 부정적이라면 자신에게 오는 기회를 시련으로 받아들일 것이다. 쉽게 포기할 수도 있다.

퇴사 후 비로소 나를 찾았다

때로는 다가오는 시련을 피하지 않고, 자신만의 방법으로 헤쳐나가기도 한다. '정신 승리'는 아무리 힘들고 괴로워도 긍정적인 면으로 바꿔서 생각하게 되면 그 부정적인 생각에서 벗어날 수 있다는 의미로 해석할 수 있다. 내가 나를 긍정적인 방향으로 세뇌시키면서 나 자신을 부정으로부터 보호할 수 있다.

그래서 단어의 의미를 명확히 하고자, 챗GPT에 물어봤다. 긍정적인 사고와 정신 승리의 정의가 무엇인지 말이다. 챗GPT는 다음과 같이 대답을 내놓았다.

긍정적인 사고와 정신 승리는 정신적인 웰빙(Well-being)과 내적 힘을 향상시키는 데 도움을 주는 두 가지 중요한 개념입니다. 다음은 이러한 개념들의 간단한 정의입니다. 긍정적인 사고는 일상생활에서 마주하는 상황을 긍정적인 시각에서 바라보는 사고방식을 의미합니다. 이것은 부정적인 측면이나 어려움에 집중하는 대신, 긍정적인 가능성을 찾고, 희망을 유지하며, 문제를 해결하기 위한 창의적이고 건설적인 방법을 찾는 것을 의미합니다. 긍정적인 사고는 스트레스 감소, 심리적 안녕감 증대, 더 나은 대인관계 형성 등 다양한 이점을 제공할 수 있습니다.

정신 승리는 어려운 시기나 상황에서 내적 힘과 용기를 발휘하는 것을 나타내는 용어입니다. 이것은 어떤 상황에서도 자신의 감정, 행동, 그리고 태도를 통제하고 이겨내려는 의지력과 내면의 강인함을 의미합니다. 정신 승리는 스트레스, 고통, 실패, 상실, 불안 등과 같은 어려움에 대한 대처 능력을 향상시키는 데 중요한 역할을 합니다. 정신승리는 대인관계에서도 중요하며, 어려운 상황에서 다른 사람들에게 영감을 주는 데 도움이 될 수 있습니다.

최근 나는 나폴레온 힐(Napoleon Hill)의 《생각하라 그리고 부자가 되어라》를 탐독하기 시작했다. 그의 사례를 보면서 그가 굉장히 긍정적인 사고방식을 가진 사람이라고 생각했다. 그의 저서에는 자신의 아이가 어떻게 태어났고, 어떻게 행복을 찾아가는지 이야기해주고 있다.

그의 아이는 귀가 없이 태어났다. 의사로부터 그의 아이는 청각장애인이자 언어장애인으로 평생을 살아가게 될 것이라는 이야기를 들었다. 하지만 그는 "나는 우리 아들이 듣고 말할 수 있을 것이라고 결정했다"고 말하며, 아이가 말을 이해하고 따를 수 있을 만큼 자라면, 소리를 듣겠다는 불타는 열망으로 아이의 마음을 채우기로 마음먹는다. 결국 그 믿음대로 아이는 자라서 잘 듣게 됨은 물론, 자신의 장애 덕분에 수백 명의 청각장애인들에게 유용한 서비스를 제공하고 평생 재정적 수입이 가능한 직장도 가지게 되었다.

아무리 스펙이 부족하고, 장애를 가졌더라도 긍정적인 사고방식으로, 무언가를 이루겠다는 열망을 가진다면 분명 원하는 것을 이룰 수 있다. 꾸준하게 그리고 성실히 해나가다 보면 어느덧 성공한 자신을 발견할 수 있을 것이다.

우리는 자신 안에 긍정적인 사고를 할 수 있는 힘이 있다. 내

퇴사 후 비로소 나를 찾았다

스펙이 부족했지만, 나만의 무기를 만들 수 있었던 것은, 나의 사고방식을 긍정적으로 세팅했기 때문이다.

제4장

행동하는 사람이
결과를 만든다

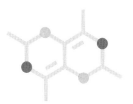

주저하지 말고
과감히 두드려라

　　내 행보를 보면, 어떤 일을 시작하는 데 주저함이 없었다. 생각하면 실행했고, 결과를 냈다. 이렇게 결과를 만들면서 나 자신을 사랑하게 되었다. 성장하기 위해 노력하는 모습에 내가 나에게 반한 것이다. 그렇게 나는 내 자신을 성장욕구가 강한 사람으로 성장시켰다. 그리고 나 스스로 성장하기 위해 끊임없이 도전해왔다. 도전했던 일들은 일회성으로 끝나기도 했다. 난 그 모든 경험이 깊은 취미 생활이자 인생 경험이었다. 전문가를 통해 배운다면, 더 빨리 그리고 더 깊게 배울 수 있다는 깨달음까지 얻었다. 하지만 이런 활동들이 나를 직접적인 성공의 길로 안내한 것은 아니었다.

　생명 바이오 분야, 신약 개발 분야 연구원이 되고 싶다면 어떻게 해야 할까? 그에 맞는 공부를 하면 된다. 그리고 그것에 관심을 갖고 마음을 열어두는 것이다. 고등학생일 때, 나는 수학이 좋다는 이유만으로 이과를 선택했다. 이과는 수학과 자연과학을 중점적으로 공부하는 교육과정이다. 이 분야에 대한 지식과 자연에 대한 관심이 연구원이라는 직업을 갖게 했다고 해도 과언이 아닐 것이다.

나는 농과대학에서 원예학을 전공했다. 원예학과에서 나와 어울렸던 친구들은 하나같이 자기계발 끝판왕들이었다. 한 명은 공대로 한 명은 자연대 통계학과로 전과했고, 어떤 친구는 교직이수 과목을 듣고 교육자의 길을 걷는 친구도 있었다. 또 어떤 친구는 조경기사 자격증을 취득하는가 하면, 필리핀과 호주로 워킹홀리데이를 가기도 했다. 그런 영향 때문이었을까. 나도 내 진로를 살피기 시작했고, 미래를 계획하기 시작했다.

대학교 졸업을 앞두고 부모님과 이야기를 나눈 적이 있었다. 엄마는 나에게 회사에 취직하는 것이 어떻겠냐고 했다. 나는 이미 약학대학원에 진학하려고 마음먹은 상태였다. 대학을 졸업하고 바로 돈을 벌어서 집에 보탬이 되면 어떻겠냐는 말로 들렸다. 중학생 때는 내가 선택해서 제천여자고등학교에 입학했다. 하지만 엄마와 오빠는 집안 형편이 안 된다며 끈질기게 나를 설득했다. 결국 집과 가까운 단양고등학교로 전학했다. 처음에는 공부할 마음이 생기지 않았다. 그래서 2년 동안 신명 나게 놀았고, 남은 1년 동안 전력질주해서 대학에 입학하게 되었다.

그런 기억이 스멀스멀 올라왔다. 이번에는 내 뜻대로 하고 싶었다. 그래서 약학대학원에 간다는 내 의지를 부모님께 말씀드렸다. 부모님의 설득과 권유보다 내 의지대로 인생을 살기로 했다. 그리고 약학대학원이라는 문을 과감히 두드렸고, 천연약품학이라는 전공으로 수학할 수 있었다. 내게 새로운 세상이 열린 것이다. 석사 과정 2년이라는 시간을 투자해서 졸업했고, 취업이라는 문을 열었다. 그렇게 천연물 소재 개발 연구원이 되었다. 나는 '제약회사 연구원'이 되길 꿈꿨으나, 천연약품학이라는 내 전공과 제일 잘 맞는 연구원이 되었다.

15년을 한 직장에 몸담았고, 졸업하듯 퇴사했다. 그 후 헤드헌터를 통해 두 번째 직장, 신약 개발 연구소에 들어가게 되었다.

모든 것이 순조로웠고 입사까지 확정되었다. 난 안 다닐 이유가 없었다. 15년을 쉬지 않고 일했던 직장인이었던지라, 쉬는 동안 오히려 몸이 근질근질하기도 했다. 그렇게 어렵지 않게 두 번째 직장에서 일을 시작할 수 있었다. 내 간절한 의지보다 그럭저럭 만족하는 삶의 연장선상에서 했던 선택이었다.

그로 인해 10개월이라는 시간 동안 이리저리 끌려다니며 살았나 보다. 이 시련의 방에서 나가기 위해 또 다른 문을 열었다. 하나의 방을 나와야 다른 방으로 갈 수 있기 때문이다. 난 노예생활 같았던 회사생활을 모두 청산했다. 그리고 내가 만드는 새로운 세상으로 향해 가고 있다. 이미 마음의 준비는 마쳤다.

작가의 길을 가고 있는 나의 어린 시절은 어땠을까?

초등학교 저학년 때 기억이다. 그 당시 동시집이란 노트가 있었다. 명절이 되면 친척들이 우리 집에 모였다. 아빠가 맏이였기 때문이다. 고모와 고모부도 명절 당일에 매번 오셨다. 고모부는 우리 집에 오실 때마다 내게 그동안 썼던 동시들을 가져오라고 성화셨다. 나는 그 노트에 그림과 함께 동시를 썼다. 고모부는 내 동시를 보고 크게 감탄하며, 앞으로도 계속 쓰라고 하셨다. 그리고 명절마다 자신에게 보여달라고도 했다. 그때 내가 썼던 동시들은 지금 어디로 사라졌을까? 더 이상 방문이 없는 고모부와 함께 내 동시집도 자취를 감췄다. 하지만 어렸을 때 들었던 칭찬은 아직도 기억에 남아 작가라는 꿈을 이룰 수 있게 해주는 원동력이 되고 있다. 아이들에게 칭찬을 많이 해야 하는 이유를 깨달았다. 칭찬은 고래도 춤추게 한다고 했다. 어렸을 때 크게 칭찬받았던 기억이 아직도 생생한 걸 보면 칭찬의 힘은 참으로 놀랍다.

고등학생이 된 이후에는 국어 관련 과목에 전혀 흥미가 없었다. 그 당시 국어, 문학, 독서 과목은 선생님 한 분이 가르쳐주셨다. 그 선생님은 내게 한 번이라도 졸지 않으면 사탕을 주겠다고 하셨다. 사탕을 준다는 말에 딱 한 번 졸지 않았다.

나는 국어라는 과목이 재미없었다. 선생님의 수업방식 때문이었을 것이다. 수업은 단순히 교재를 읽고 필기하는 게 전부였다. 비록 수업 시간에 꾸벅꾸벅 졸았지만, 엎드려 자는 것만큼은 내 자신에게 허용하지 않았다. 그게 학생으로서 최소한의 예의라고 생각했다.

국어 과목이 재미없었던 더 큰 이유는 문학 작품이 내 생각과

퇴사 후 비로소 나를 찾았다

달랐고, 작가가 어떤 의도로 썼는지 알아야 했기 때문이다. 특히, 시를 내 느낌대로 생각한 대로 시험 답안을 작성하면 모두 오답처리가 되었다. 이런 이유로 국어 과목이 어렵게 느껴졌다.

그렇게 국어 과목에 흥미가 없었음에도, 난 '황의문학집'이라는 노트를 만들었다. 그 노트에 나의 생각들을 에세이식으로 혹은 네컷만화로 표현했다. 노트의 오른편에는 나의 글과 그림으로 채웠고, 왼편에는 감상평을 적는 공간으로 비워두었다. 심지어 담임 선생님께도 그 노트를 보여드렸고, 기어이 감상평을 받아냈다. 지금 봐도 재미있는 결과물이다.

고등학생 때는 어른이 되면 무슨 일을 할지, 어떤 사람이 될지 생각해본 적이 없었다. 단지 친구들과 노는 게 좋았고, 다들 공부하니 나도 공부했을 뿐이다. 고등학생으로서 세울 수 있는 목표는 대학 진학이 전부였다.

수능시험이 끝나니 그제서야 내가 진로선택이란 걸 할 수 있었다. 나의 미래가 될 나의 관심사 말이다. 그 시기에 내 관심사를 찾고 선택할 수 있도록 가르쳐주는 과목이 있었다면 좋았을 텐데. 선택하는 힘을 기를 수 있는 과목이 있었다면 어땠을까? 국어, 수학, 과학도 좋지만, 주식, 경제, 상상, 창조, 행복 같은 과목 말이다. 교육의 현주소가 어디인지 모르겠지만, 이런 과목이 있으면 좋겠다고 잠시 생각해본다.

나는 초등학교 저학년때부터 작가의 기본기를 다졌다는 생각이 든다. 하루도 빠짐없이 일기를 썼기 때문이다. 숙제를 해야 한다는 압박감으로 없는 이야기를 지어서라도 일기장을 채우곤 했다. 사회인으로 세상 밖으로 나왔을 때, 난 여전히 일기를 쓰고 있었다. 결혼하기 전까지 썼던 일기 양이 상당했다. 더불어 내게 글쓰기가 긍정적인 행위로 확장된 것은, 긍정적인 경험 덕분이었다.

어느 날, 첫 직장에서는 직원들에게 저마다 한 꼭지의 글을 쓰게 했다. 난 '지금을 살아라'라는 제목으로 글을 써냈고, 그 꼭지글들은 책으로 완성되었다. 난 글쓰기로 대상이라는 영예와 함께 상금까지 받게 되었다.

신약 개발 연구원이 되기 위해 내가 했던 노력은 약학대학원에 진학해서 천연약품학 석사 과정을 밟는 것이었다. 그 씨앗으로 말미암아 난 천연물 소재 연구 개발팀의 연구원으로 인생을 한 단계 성장시킬 수 있었다. 무엇보다도 내가 하고 싶은 일을 이루기 위해서는 그에 걸맞는 씨앗을 심어야 한다는 것을 깨달았다. 왜냐하면 결과를 내야 세상이 인정해주기 때문이다.

나는 자신이 원하는 모든 것은 이룰 수 있다고 생각한다. 그것을 포기하지만 않는다면 말이다. 언제부터 작가가 꿈이었는지 기억나지는 않는다. 하지만 난 다시 작가의 꿈을 꾸었고 그 꿈을 이미 이루었다. 나도 했으니, 이 글을 읽는 여러분도 할 수 있다. 이루고 싶은 일이 있다면 주저하지 말고, 과감히 문을 두드려라. 그러면 문이 열릴 것이다.

퇴사 후 비로소 나를 찾았다

행동하는 사람이 결과를 만든다

닐 도널드 월쉬의 저서 《신과 나눈 이야기》라는 책에서는 다음과 같이 행동의 중요성에 대해 말하고 있다. "너희가 생각은 하지만 한 번도 말하지 않은 것은 한 차원에서만 창조한다. 너희가 생각하고 말하는 것은 또 다른 차원에서 창조한다. 너희가 생각하고 말하고 행동하는 것은 너희 현실에서 구현된다."

대학생 시절, 나는 '제약회사 연구원'이라는 꿈을 꿨다. 처음에는 어떻게 해야 그 꿈을 이룰 수 있는지 몰랐다. 하지만 난 그 꿈을 이루기 위해 차분히 계획을 세웠다. 종이에 하나하나 적어 가면서 말이다. '약학대학원에 진학해서 석사 졸업을 하고 연구원이 되면 되겠다. 그리고 나는 약학대학원에 간다'고 선언하고 다녔다. 그리고 대학원 원서 접수 기간이 되어 선배 언니가 알려주었다. 그 언니의 도움을 받아, 약학대학원 석사 과정에 등록

할 수 있었다. 나는 매일 연구실에 가는 길이 즐거웠다. 대학원 전공수업은 어려웠음에도 불구하고 재미있었다. 식물추출물에서 하나의 화합물로 분리한 후 그것의 NMR 결과를 해석할 때는 퍼즐 놀이를 하는 것처럼 느껴졌다. 그리고 선후배님들 덕분에 석사 과정 2년이라는 시간은 행복한 기억으로 가득했다. 논문이 마무리됨과 동시에 천연물 소재 개발 연구원으로 입사하게 되었다. 난 전공에 딱 맞는 직장에 입사해서 '제약회사 연구원'이란 꿈을 나답게 이루었다. 그러고 나서 다음으로 나아갈 꿈이 없었으니, 다시 하고 싶은 일을 생각했다.

'내가 좋아하는 게 뭘까?'라는 질문으로 시작했다. 술이 좋아서 술 만드는 방법을 배우고 싶었다. 그리고 배울 수 있는 곳을 찾았다. 수소문 끝에 한국전통주연구소에 전화를 걸어 문의했다. 그 당시엔 아예 오픈되지 않은 주말반을 개설해달라고 졸랐다. 나는 열심히 배우고 익혀서 가양주(집에서 빚어 만드는 술)반을 수료할 수 있었다. 지금도 그때 구매한 항아리가 발코니 한구석에서 투박한 매력을 발산하고 있다. 몇 년 후, 이태원 맥줏집에서 원데이 클래스로 맥주 만드는 법을 배우기도 했다. 그날 이후, 난 밀맥주라는 것을 알게 되었고, 밀맥주 애주가가 되었다.

나는 또 다른 꿈이 생겼다. 그것은 바로 유니세프에서 일하는 것이었다. 그 꿈을 이루기 위해 우선 갖춰야 할 스펙은 완벽한 영어 구사 능력이었다. 바로 행동개시에 들어갔다. 나는 매주 토요일마다 한국외국어대학교 근처에서 하는 영어 회화 스터디 모임에 참여했다. 일 년이라는 시간 동안 매주 서울로 향했다.

퇴사 후 비로소 나를 찾았다

영어를 유창하게 구사하지는 못했지만, 회사 업무와 해외여행에 많은 도움이 되었다.

그 후 나는 원래의 목표를 바꿔서 국내에서 어린이를 돕는 재단에서 일하면 되겠다고 생각했다. 일단 사회복지사 자격증 공부를 시작해서 모든 과목을 이수했다. 이 외에도 대한적십자사에서 진행하는 응급처치법 강사 자격증, 심리사회적지지 강사 자격증을 획득했다.

내 MBTI 결과 나와 어울리는 직업으로 목수가 나왔다. 나는 이후로 목공에 관심을 가지기 시작했다. 연차를 내고 목공 수업을 들었다. 처음에는 전동드릴로 나사못 하나 제대로 박지 못하는 수준이었다. 하지만 교육을 받은 후 나의 목공 실력은 일취월장했다. 나는 목공구들과 나무를 구매해서 소품을 만들어 지인들에게 선물로 주기도 했다.

나는 삶에 대한 열정으로 가득차 있었기 때문에, 회사를 다니면서 모든 주말을 자기계발 시간으로 활용했다. 하지만 신약 개발 연구원인 두 번째 직장에서 애쓰고 노력해도 내 성장은커녕 더 힘들어지고 있었다. 나는 점점 회사에 흥미를 잃어갔다. 나는 회사에서 일하지 않아도 경제적 자유를 이룰 수 있고, 부가 쌓이는 자동화시스템을 구축하고 싶었다. 그래서 그 연관 키워드로 검색되는 책을 섭렵하기 시작했다. 그러다가 한 자기계발 책에 적혀 있는 휴대전화 번호로 문자를 보냈다. 그 작은 실천으로 인해 난 지금 책을 쓰고 있다.

제4장 행동하는 사람이 결과를 만든다

책을 쓰니 내 삶을 되돌아볼 수 있는 시간이 되었다. 이제까지는 매달 월급을 받기 위해 내 에너지와 시간을 회사에서 소진했다. 더 이상 스트레스를 받아가며, 그곳에 있고 싶지 않았다. 퇴사를 생각하고부터 내 마음은 평온해졌다. 그리고 다음 날 바로 퇴사를 선언했다. 나의 퇴사 처리는 일사천리로 진행되었다. 그리고 퇴사 이후의 삶은 어느 때보다 행복하다. 이젠 온전히 나를 위해 시간을 투자하고, 내가 하고 싶은 일만 하며, 내가 만나고 싶은 사람만 만나고 있다. 나에게 오롯이 집중해서 책 쓰는데 많은 시간을 할애할 수 있었다.

이제 나는 연구직 회사원의 삶을 완전히 정리했다. 16년간 연구직 회사원으로 성실히 임해왔다. 지금은 온전히 내가 나의 주체로 살고 있다. 나는 삶을 마감하는 순간까지 내가 주체가 되어 나답게 살 것이다. 앞으로도 원하는 일을 하며 재미있게 살아갈 거다.

나는 퇴사 후 책을 쓰기 위해 카페에 자주 갔다. 긴 테이블 한쪽 끝에 앉아 아침부터 저녁까지 글 쓰고, 책 읽는 시간 또한 즐겼다. 내가 앉았던 테이블의 질감, 그곳에서 흘러나오는 노래, 그리고 맛있는 음료, 샐러드와 샌드위치까지 모든 게 좋았다. 하지만 카페에 가서 매번 식사 해결을 하는 것이 녹록지 않았다. 아침마다 카페에 출근하면서 나만의 책 쓰는 공간을 하루라도 빨리 마련하고 싶었다. 나는 내 집에 머물면서 글쓰는 방법을 선택했다.

그래서 집의 끝방을 서재로 만들기 위해 하루에 한 시간씩 정리하기 시작했다. 안방과 거실, 주방을 정리했다. 그리고 화장실

퇴사 후 비로소 나를 찾았다

도 청소했다. 그동안 많은 것들을 버렸다. 필요 없는 소품들, 예전의 내 일기장, 편지 등 추억을 소환하는 물건들을 모두 쓰레기 봉투에 버렸다. 석사 학위 받을 때까지 공부했던 두꺼운 전공책도 모두 버렸다. 그리고 끝방에 있는 잡동사니들을 모두 정리했다. 비우니 자연스럽게 채울 수 있는 공간이 마련되었다.

널찍한 테이블과 벤치의자 그리고 종일 앉아 있어도 편할 것 같은 의자를 구매했다. 그동안 구매했던 자기계발서, 에세이, 소설책 등 이곳저곳에 쌓아두었던 책들을 서재 책꽂이에 한데 모아서 정리했다. 난 필요할 때마다 꺼내볼 수 있는 참고도서가 가득한 서재가 있고, 그 공간에서 작업하는 요즘이 너무 행복하다.

이제 카페 가는 시간을 아끼고 편하게 내 서재에서 누구의 방해도 받지 않고 글을 쓰고 있다. '이것이 진정으로 내가 욕망하던 일이었구나!' 가짜 욕망을 걷어내고 내 진짜 욕망하는 것들을 이렇게 이뤄가며 살아간다.

크루즈 여행을 앞두고 요즘 나는 몸무게를 8kg 감량하겠다고 선언했다. 2년 전부터 매일 내 몸무게를 공유하고 있었던 멤버들에게 말이다. 그 선언을 한 즉시 목표를 노트에 적었다. '2023년 10월 25일 수요일, 나 초긍정 황 작가는 59kg이 됐다! 2023년 11월 10일에 완성됐다.'

그리고 그것을 이루기 위한 세부적인 계획도 세웠다. 그리고 당장 실행 가능한 것을 시작했다. 바로 점심식사할 때 김치찌개에 찬밥 반 공기를 먹었다. 먹던 양보다 반만 먹었지만 배부른 느낌이었다. 그리고 벌써 몸이 가볍게 느껴지기 시작했다.

8kg이라는 체중은 내 몸에서 쉽게 떠날 생각을 하지 않았지만, 체형에 변화가 왔다. 매일 작은 성공을 이루니 기분도 상쾌했다. 매일 하기로 했던 것을 해내고, 그 내용을 정리해서 블로그에 아웃풋했더니 책 쓰는 데 도움이 됐다. 그래서 지지부진했던 책쓰기에 속도가 붙었다. 나는 일주일 만에 마지막 두 장을 마무리할 수 있었다.

결과를 만드는 사람은, 생각에서 그치지 않고 말로만 하지 않으며 그것을 행동으로 옮기는 사람이라고 생각한다. 지금까지 내가 보아온 수십 권의 자기계발서에서 모두 한목소리로 말하고 있는 내용이기도 하다.

어떤 일을 하고 싶다는 생각이 들었다면 다음에는 무엇을 해야 할까? 나는 무엇이든 시작하라고 조언하고 싶다. 생각만으로는 아무것도 달라지지 않기 때문이다. 생각은 금방 휘발되어버리니 생각한 것을 바로 글로 남기고, 구체적인 계획과 함께 그것을 이루기 위한 작은 실천이라도 해야 한다. 그것이 진심으로 원하는 것이라면 꾸준히 그리고 끝까지 하면 된다. 원하는 일이어서 시작했어도 아니다 싶으면 접으면 된다. 모든 것은 내 마음에서 시작하고, 끝을 내는 결단도 내 마음이 하는 일이다. 일단 시작을 해야 끝도 볼 수 있는 것이다. 그 끝이 어떤지는 해보면 알게 될 것이다. 중요한 것은, 행동하는 사람이 결과를 만든다는 사실이다.

퇴사 후 비로소 나를 찾았다

바쁠수록
날을 날카롭게 갈아라

난 동물실험과 함께 동물실 관리도 시작했다. 관리만 전담하는 인력이 없었기 때문이다. 동물실 관리는 연구원들이 나눠서 분담했는데, 그중 대부분은 막내 연구원의 몫이었다. 그리고 얼마 지나지 않아 내가 대부분의 일을 관리하기 시작했다. 그리고 난 약동학 동물실험 및 동물실 관리에 점점 더 많은 시간을 할애하게 되었다. 중간중간 분석을 하면서 분석기기를 관리했다. 그만큼 동물실 관리는 물리적으로 시간이 많이 필요했고 체력 소모도 컸다.

업무량이 많아져서 바쁘고 몸도 힘들었지만, 차라리 몸이 힘들고 바쁜 게 업무가 없는 것보다 나았다. 여유가 생기면 약효평가팀 일도 조금씩 도왔다. 내가 쉴 수 있는 유일한 시간은 점심시간이었다. 그 시간에는 몸도 마음도 편하게 쉴 수 있었다. 그래서, 동물실험을 시작한 초반에는 점심 식사 후에 약효평가팀 연구원들과 회사 근처 카페로 산책을 다녀왔다. 커피를 마시며 농담도 주고받았다. 동료 연구원들과 회사를 벗어나 여유 있는 시간을 보냈지만 큰 변화는 없었다. 그들이 내게 보내는 위로와 응원이 힘이 되었지만 나의 근본적인 문제가 해결되지는 않았다.

업무는 단순 노동의 반복이었고, 회사를 벗어나고 싶다는 생각이 하루에도 수십번 들었다. 내가 책을 읽기 시작한 것은 그때쯤이다. 난 닥치는 대로 책을 읽기 시작했다. 하루빨리 경제적 자유를 이루고 싶었다.

책을 읽다가 그 책에 있는 휴대전화 번호로 연락을 했다. 나는 바로 책쓰기 교육과정을 등록해서 내 책을 쓰기 시작했다. 책을 쓰는 데 몰두할 시간이 필요했다. 회사 다니면서 책을 쓰려니 내게 주어진 시간은 새벽이나 아이들을 재운 뒤 늦은 밤 시간밖에 없었다. 회사에서 일과시간에 육체노동이 대부분이었기 때문이었는지 아이들을 재우면서 나도 같이 잠들곤 했다. 만약 늦은 밤 시간에 책을 쓴다고 늦게까지 잠을 안 자서 피곤하면 다음 날 업무에 지장을 주게 된다. 그리고 난 수면이 부족하면 바로 입안에 염증이 나고 피곤한 표시가 나기 때문에 밤 시간은 이용할 수 없었다.

나는 고심 끝에 새벽 시간을 이용하기로 했다. 가장 일찍 오픈하는 카페 시간이 7시 30분이기 때문에 다른 방법을 찾아야 했다. 편의점 커피를 사서 아파트 단지에 있는 놀이터에서 책을 쓰기도 했다. 테이블이 있는 편의점이라면 그곳에서 책을 쓰기도 했다. 그런데 편의점 특성상 사람들이 너무 많이 왔다 갔다 해서 집중하기가 힘들었다. 그래서 생각해낸 곳이 바로 스터디카페였다. 24시간 오픈하니 너무 좋았다! 마침, 집 근처에 스터디카페가 있어서 정액권을 구매해서 매일 새벽 그곳으로 출근했다.

그렇게 매일 1시간 30분 정도의 시간을 확보할 수 있었다. 그 시간은 왜 그렇게 빨리 흐르는 것인지. 똑같은 시간인데, 내가 하고 싶은 일을 할 때는 시간이 너무 짧게 느껴졌다. 새벽 스터디카페에서의 시간은 너무도 달콤했다. 카페 밖에서 비치는 아침 햇빛도 포근하게 느껴졌다.

매일 2시간이 채 안 되는 시간 동안 책을 읽고 쓰며, 회사에 다녔다. 그래도 행복했다. 내가 하고 싶은 일을 시작했다는 점에서 에너지가 생겼다. 회사 업무가 많아서 몸은 바빴지만 내가 하고 싶은 일을 모두 할 수 있어서 좋았다. 그렇게 난 나의 미래를 다시 설계했다.

그러면서 부동산에도 관심을 갖기 시작했다. 청약 신청도 해보고, 오피스텔이나 상가에도 관심을 가지기 시작했다. 왜냐하면 난 수입 파이프라인 10개를 만들고 싶었기 때문이다. 회사에 다니지 않아도 자동으로 통장에 돈이 들어오는 자동화시스템을 갖추고 싶었다. 회사에 다니는 동안, 내 인생 2막을 준비하리라고 마음먹었다. 바빠질수록 난 더 날카롭게 날을 갈고 있었다.

그날도 나는 여느 때처럼 출근했다. 전날 채혈하던 것을 24시간이 될 때 채혈하고 기기 상태를 확인하는 일정이 있었다. 며칠 전 입사한 전무님이 가끔 사무실로 와서 도움되는 좋은 이야기를 해주셨다. 사무실에서 J와 함께 전무님의 이야기를 듣다가 아예 전무님 방으로 자리를 옮겨 이야기를 듣게 되었다. 글로벌 제약회사에서 근무했던 경험과 전무님의 마인드를 알 수 있는 많은 이야기도 듣게 되었다. 전무님은, 그 당시 그 팀이 엄청난 성과를 냈다고 했다. 그런데 자신은 그 팀에서 단지 'One of Them'이라며 모두에게 공을 돌렸다고 한다. 난 그 부분에서 감동을 받아서 눈물까지 흘릴 정도였다.

전무님은 제약업계에 근무했던 다년간의 경험을 바탕으로, 분석이라는 업무의 중요성도 강조해주셨다. 그분의 이야기를 듣고 있자니 시간이 금세 지나갔다. 더군다나 약동학 업무에 대해 실질적으로 도움이 될 만한 정보도 함께 말씀해주셨기 때문에 더 새겨들었다. 그러다가 문득 정신을 차려보니, 24시간에 채혈해야 할 것이 있다는 사실을 인지했다. 이미 25시간을 지나고 있었다. 그래서 전무님이 이야기하는 중간에 할 일이 있다며 끊고 나올 수밖에 없었다. 채혈이라는 것을 시작하고부터 처음으로 딱 한 번 그날 1시간 지연된 것이었다. 재빨리 동물실에 들어갔고, J도 시간이 지연되었음을 알고 함께 채혈을 마무리했다.

그리고 점심시간이 끝난 후, 분석기기실에서 기기 상태를 확인했다. 왜냐하면 J가 내부 표준물질의 피크 면적 값에 차이가 많이 난다고 감도에 대한 문제를 제기했기 때문이다. 내가 보기에도 내부표준물질의 농도는 동일한데, 피크 면적 값이 10% 이

퇴사 후 비로소 나를 찾았다

상 차이 나는 것에 문제점을 인식하고, 그 해결 방안을 찾고자 엔지니어에게 문의해놓은 상황이었다.

오후 2시쯤 갑자기 분석기기실에 J가 오더니, 대표님이 나를 찾는다고 했다. 그래서 J와 함께 대표님 방으로 갔다. 대표님은 내게 기기 유지관리를 매주 하고 있는 것 맞냐는 질문과 감도 체크는 제대로 했냐고 질문을 했다. 그에 대해 나는 기기 유지 관리는 라인세척, 콘세척, 내부표준물질 테스트를 한다고 했다. 하지만, 분석할 것이 많고, 상황이 안 될 때, 내부표준물질을 매번 분석하기에 그것으로 대체한 적도 있다고 했다. 내부표준물질 테스트는 매주 하려고 했다. 그런데 그즈음 분석할 샘플이 넘쳐나는 상황이 계속되었다. 그때 그 테스트를 대체하거나 미루자는 J의 언급이 있었다. 리더의 말에 나도 동의했다. 바쁜 한 달 반 정도의 기간 동안 그렇게 내부표준물질 테스트는 유지관리 체크리스트에서 후순위가 되었다. 그럴 때마다 느낌이 쎄했는데 그 느낌은 또 어김없이 나를 죄어왔다. 대표님은 J가 함께 있는 자리에서 내게 이야기했다.

"주간미팅에서 왜 한 번도 그런 이야기를 안 했습니까? 내부표준물질 테스트에 2~3시간 걸리는데, 기기 세팅하고 분석 전에 하면 되지 않습니까? 이에 대한 보고가 들어오지 않았고 문제가 발견됐고요. 그 외에는 황지혜 책임연구원이 하는 일이 없잖아요. 유지관리는 황지혜 책임연구원이 100% 하라고 했잖아요. 내가 봤을 때 업무 태만에 해당되는 건이에요. 사유서 쓰도록 하세요.

두 번째, 동물실험 채혈할 때 시간을 정확히 지키는 게 중요합니다. 1시간이나 차이 나는 것은 데이터에 엄청난 영향을 주는 것인데, 보고도 안 했어요. J씨가 봤으니까 알았지 아니면 모르고 지나갈 뻔했어요. 이 업무를 하고 싶은 거예요? 하기 싫은 거예요? 두 건에 대해서 사유서 쓰고 결재 올리도록 하세요. 메일로도 남기고, 2건.

신뢰할 수 있게 행동해야 하는데 자신이 업무 내용 파악도 못하면서, 규칙을 만들고 해달라고 업무지시를 내린 것을, 마음대로 줄이고 빼고 한 것은 심각한 사유거든요? 이게 누적되면 연봉이 삭감될 수 있고, 징계 사유예요. 이번 사유는 경징계예요. 그리고 다음 주 미팅에 그런 이야기 안 할 거면 미팅에 들어오지도 마세요. 왜 보고를 안 해. 여기서 뭐하는 거예요? 마음대로 할 것 같으면 도대체 회사를 왜 다니는 겁니까. 피해를 주는 거잖아요. 엔지니어 부르면 기본 돈 100만 원이에요. 이 간단한 일을 못해서 그런다는 게 말이 됩니까. 유지관리 한번 해달라는 거잖아요. 나도 이런 말 해서 마음이 안 좋은데, 이런 말이 안 나오게 부탁합니다. 이번 2건 분명히 기록에 남기고 갈 거고, 누적됐을 때는 더 센 경고가 나갈 수 있습니다. 가보세요."

나는 한마디 대꾸도 하지 못했다. 대표님 방을 나온 직후 내 자리에 앉아 사유서를 써내려갔다. 사유서를 쓰는 동안 밖에서는 엄청난 천둥 번개를 동반한 폭우가 쏟아졌다. 나는 천둥소리에 여러 번 깜짝 놀랐다. 퇴근 시간이 되자 비는 어느새 잦아

퇴사 후 비로소 나를 찾았다

들었다.

 그날 퇴근길에 퇴사를 생각했다. 그동안 애써왔던 신약 개발 연구원이라는 직업을 내려놓으리라. 무지개와 함께 눈부신 햇빛이 내 생각을 응원해주는 듯했다. 그리고 다음 날 그동안 갈아왔던 칼을 뽑았다. 그리고 회사생활이라는 끈을 가차 없이 잘라버렸다. 퇴사는 입사만큼이나 빨리 처리됐다. 속이 다 후련했다.

 2개월 후 퇴사하면 한 달 치 월급과 함께 조기취업수당 몇백만 원을 받을 수 있었다. 하지만 그 2개월이라는 시간을 더이상 그곳에서 낭비하고 싶지 않았다. 내 에너지를 갉아 먹히는 느낌이 들었기 때문이었다. 나는 돈보다 내 시간과 정신건강을 선택했다. 그리고 내가 잘되는 쪽으로 에너지를 쓰기로 결정했다.

 다들 다람쥐 쳇바퀴 돌듯 바쁘게 살아간다. 그리고 자신이 진짜 원하는 것은 무엇인지 모르고, 혹은 알면서도 무시한 채 직장이 주는 소속감과 매달 월급이 주는 안정감이라는 마약에서 빠져나오지 못한다. 나 역시 그랬다.

 천둥 번개와 무지개가 나에게 힌트를 줄 줄이야! 내 인생 처음으로 그렇게 날카롭게 갈아온 칼을 휘둘렀다. 그리고 앞으로도 날이 무뎌지지 않게 잘 갈아둘 것이다. 그리고 내 자신을 갈고 닦아 기회를 잡을 것이다. 이제는 내가 주도하는 인생을 살 것이다. 그렇게 하지 못할 이유가 어디 있겠는가.

간절함이 없는 꿈은
실현되지 않는다

　　나는 사회에 나가면 무슨 일을 해서 먹고살아야 하나 고민하는 학생이었다. 대학생 시절 나는 사회에 나가기 전에 어떤 준비를 해야 할지 몰랐다. 먹고사는 문제를 해결하기 위해 꿈을 꾸기 시작했다. 내가 원하는 일을 하겠다는 생각에 이르자, 건축가가 설계도를 그리듯 내 꿈을 그려나갔다. 그리고 꿈을 이루기 위해 차곡차곡 재료를 모으고 방법을 익혔다. 모든 것이 자연스럽게 이어졌다. 첫 직장에 입사할 때까지 말이다.

　　난 고등학교 졸업하고 대학교에 입학하면서 자연스럽게 부모님으로부터 독립하게 되었다. 집안 형편이 넉넉하지 않았지만 부모님께서는 학비와 자취방 월세, 그리고 용돈까지 매달 챙겨주셨다. 사회에 나가면 이제 내가 부모님을 부양해야 한다고 생각했다. 취직하려고 생각하니 특별히 잘할 수 있는 것이 없었다. 그래서 그 당시 내 전공과 관련 있고 더 나은 삶을 살 수 있는 직

　　　　　　　　　　　　　　　퇴사 후 비로소 나를 찾았다

업이 무엇인지 생각해보았다.

　원예학과를 졸업한 후의 내 모습을 그려보았다. 내가 갈 수 있는 분야는, 농촌진흥청 산하 원예연구소나 농업기술원 같은 연구기관의 연구원, 혹은 농림부나 충북을 비롯한 각종 농업 행정 분야 그리고 농촌진흥청 같은 국가기관의 공무원이었다. 혹은 원예 관련 단체나 회사에 취직할 수도 있었다. 난 자생식물의 응용과 이용에 관심이 많았다. 특히 그들의 성분과 효능을 밝혀 약으로도 개발할 수 있다고 생각했다. 난 농과대학 원예학과를 졸업해서 더 나은 직업을 선택할 수 있는 가능성을 발견했다. 내 꿈이 '제약회사 연구원'이 될 수 있었던 이유다. 대학원에 입학하면서 알게 된 그 분야는 바로 천연의약품 연구 개발이었다. 그 당시 내 꿈은 너무 간절했고, 명확했다. 하고 싶은 일이 있으니 그다음 계획을 바로 세울 수 있었다. 그렇게 첫 번째 꿈은 간절했던 만큼 금세 이룰 수 있었던 것이다.

　하지만 첫 번째 직장에 다니면서 내가 했던 무수한 활동들은 어떠한가? 간절히 원했음에도 불구하고 이내 포기하고 말았다. 중간에 그만두어버려서 열매 맺지 못했다. 그저 한번 경험해보는 것에 그치고 말았다. 한번 해봤다고 꿈을 이룬 것은 아니었다. 꿈을 향해 가는 그 과정에서 내가 멈춰버린 것이다.

　유니세프에 가고 싶지만, 영어회화가 원어민처럼 유창하지 않아서 포기해버린 내 꿈. 어린이들이 잘 성장할 수 있도록 돕는 일은 다른 대체 방법이 있을 거라고 생각했다. 사회복지사라는 자격증을 따서 어린이재단 같은 곳에서 일하고자 했다. 사회복지사는 학점은행제로 모든 과목을 이수하고 실습만 남겨놓은 상황에서, 박봉에다가 힘들다는 조언을 듣고 난 후 마음이 흔들렸다. 술 만드는 일과 목공도 비슷한 결말을 맺었다.

에스더&제리 힉스(Esther&Jerry Hicks)의 저서 《유인력 끌어당김의 법칙》이라는 책에서는 다음과 같이 말하고 있다. "당신은 끊임없이 '되고 있는(becoming)' 상태에 있습니다. 당신은 영원히 성장해가는 과정에 있습니다. 하지만 당신은 언제나 이 순간의 당신입니다."

꿈을 이루면 그 꿈을 만끽하고 계속 그 상태에 머물러 있을 줄 알았다. 하지만 실상은 그렇지 않았다. 인간은 끊임없이 성장하는 과정에 있다는 것을 그때는 몰랐다. 그리고 나 역시 지금도 성장해가는 과정에 있는 존재라는 것을 깨달았다.

어떤 사람들은 나를 대단하다고 했다. 그런 나를 지켜봤던 지인은 자기계발 끝판왕이라고도 했다. 내가 하고 싶은 일을 계속 생각하고 그것에 도전했던 이유는, 이뤄봤기 때문에 더 성장하고 싶은 욕구 때문이리라. 성장 욕구가 제대로 채워지지 않으니, 이리저리 방황했던 것이다.

지난 날, 그런 나의 변덕스러움에 원하기는 했으나 간절하지는 않았던 내 꿈들은 모두 흩어졌다. 어떤 꿈은 확신이 의심으로 바뀌는 순간 열정이 식었고, 다른 꿈은 진심으로 내가 하고 싶은 일이 아니었기에 도중에 그만두었다. 누군가 옆에서 조언해주면 쉽게 흔들렸다. 지금 생각해보니, 상황이 힘들고 미래가 어두워 보이면 뒤로 물러서서 더 쉬워 보이는 곳으로 옮겨가는 것을 반복해왔던 것 같다. 도전했다가도 쉽게 포기했던 이유는 직장이라는 안주할 만한 곳이 있었기 때문이기도 했다.

처음 난 내 꿈에 확신이 있다고 생각했다. 하지만 누군가가 해주는 염려스러운 한마디에도 내 마음은 확신에서 의심으로 바뀌었다. 그들의 말 한마디는 내 꿈에 찬물을 끼얹는 것과 같았다. 그리고 나는 그 현실의 차가움을 견디지 못했다. 그래서 마음을 바꿔버렸다.

결국 우주에 내가 원하고 이루고 싶은 것을 주문했지만, 에너지는 나를 위해 모이지 않았던 것이다. 그렇기 때문에 내가 무엇을 주문할지 생각을 결정하고 나면 그 간절함으로 끈기 있게 나아가야 한다. 내가 이루고 싶은 것을 우주에 주문하는 것, 그것이 실현되기를 바라는 간절한 마음으로, 끈기를 가지고 그 계획을 추진해나가야 한다.

인생 2막을 살고자 하는 내게 간절히 원하는 버킷리스트가 있다. 어린이 교육센터를 설립하는 것이다. 유니세프에서 전 세계 어린이들이 잘 살 수 있도록 도와주는 것이 내가 원하는 일이었다. 그렇지만 어린이들이 잘 살 수 있도록 돕기 위해 굳이 유니세프에 들어가지 않아도 되지 않나 하는 의구심이 들었다. 내 자신이 유니세프가 되면 해결되기 때문이다.

어린이날을 만든 제2의 방정환 선생님과 같은 사람이 되고 싶다. "조선의 소년 소녀 단 한 사람이라도 빼지 말고 한결같이 '좋은 사람'이 되게 하자"라는 방정환 선생님의 말씀처럼, 모든 어린이를 행복한 성공자로 키우는 교육센터를 설립하는 것이다. 그러기 위해서 나는 다음과 같이 두 가지에 중점을 두고 노력을 기울이려고 한다.

첫 번째로 내가 브랜드가 된다. 퍼스널 브랜딩을 위해 나는 나의 인생스토리가 담긴 책을 쓴다. 왜 어린이 교육센터를 설립하고자 하는지에 대해 내가 생각했던 이유, 나의 성장과정, 내가 원하는 일을 하는 과정에서 실패한 경험 등을 책에 녹여낸다. 지금은 원고를 완성도 있게 쓰는 것이 제일 중요한 시점이다. 빠르게 책을 내고, 두 번째, 세 번째 책도 써나간다. 꾸준하게 책을 읽고, 책을 쓰면서 나를 성장시킨다. 책을 쓰는 것과 동시에, 블로그, 유튜브, 인스타그램을 활용해서 홍보와 마케팅을 통해 나를 알린다. 그렇게 초긍정 코치 황지혜 작가로 브랜드가 된 나는 사람들이 가장 궁금해하는 것을 상담해주고, 모두 긍정적인 사고를 통해 성공할 수 있음을 알려준다.

두 번째, 이와 동시에 의식 성장 공부를 지속해 사람들에게 동기부여하는 동기부여가로서의 삶을 산다. 그동안 읽은 책, 들었던 강연 등은 나의 의식 성장을 위한 강한 동기부여들이었다. 그런 동기부여들은 결과적으로 스스로가 깨달음의 길에 들어서기 위한 자극제인 것이다. 이것이 인간으로 태어나 처음으로 달성해야 하는 의식 과업이라고 생각한다. 그다음은 스스로가 자신의 동기부여가가 되어 끊임없는 자기의식 성장에 이르는 것이

퇴사 후 비로소 나를 찾았다

다. 이것을 깨닫는 순간 온 우주가 나를 돕고 있다는 것을 더더욱 절실히 느낄 것이다.

　나는 신약 개발 연구원이란 타이틀을 내려놓았고, 내 간절한 꿈을 상기시켰다. 이제는 그 간절한 꿈을 향해 꾸준히 매일 나아가는 일만 남았다. 그동안의 실패를 발판으로 삼아 이제는 더 이상 흔들리지 않고 내 계획을 하나씩 실천해나가고 있다. 왜냐하면 그 길만이 꿈을 실현시킬 수 있는 방법이기 때문이다. 나의 꿈을 실현시키는 과정의 순간이 모두 행복이리라.

나는 매일
나아지는 중입니다

　　우리 집에는 곧 초등학교에 입학하는 첫째, 그리고 그보다 2살 어린 둘째가 있다. 나이 차이는 2살이지만 서로를 경쟁 상대로 생각하는 것 같다. 둘째를 칭찬하면, 첫째가 "내가 더 잘해"라며 한마디씩 던지곤 한다. 그러면서 첫째는 "나는 왜 칭찬 안 해줘"라고 말하기도 한다.

　　그러면 나는 두 아이를 다른 사람과 비교해서 하는 칭찬이 아니라 과거에 비해 발전된 모습을 칭찬해준다. 첫째가 줄넘기를 3번 할 수 있을 때는 줄넘기를 처음 시작했을 때보다 잘하고 있다고, 그리고 20번 넘게 할 수 있게 된 현재의 모습에 칭찬하면서 쌍따봉을 날려준다. 아이들뿐만 아니라 내 자신에게도 동일하다. 어제의 나보다 오늘의 내가 더 성장했다면 내 자신에게도 잘하고 있다고 칭찬해주고 있다. 스스로에게 선물을 사주기도 하면서 말이다.

퇴사 후 비로소 나를 찾았다

초등학생 때 배우는 크로마토그래피 실험이 있다. 종이에 검정색 사인펜 점을 찍고 용매를 얕게 채워둔 용기에 담그면 용매가 종이를 타고 올라가면서 사인펜에 혼합되어 있는 색소들이 여러 가지 색으로 분리되는 것을 볼 수 있다.

내가 천연약품학 석사 과정에서 제일 처음 한 실험이기도 했다. 실리카겔을 알루미늄 박층 위에 얇게 입혀놓은 실리카겔 박층 크로마토그래피(Thin Layer Chromatography, 이하 TLC) 판에 추출물을 점적하고 적절한 유기용매의 조합으로 가장 분리가 잘될 수 있는 조건을 찾는 것이었다.

용매의 조합과 비율에 따라 분리도에 영향을 주기 때문에 TLC로 그 조건을 잡는 것이 컬럼크로마토그래피의 기본 실험이다. 처음에는 점적할 때 그 크기가 너무 크고 농도가 진해서 분리가 제대로 되지 않았다. 하지만 매일 오픈 실리카겔 컬럼을 걸기 전에 TLC로 조건 찾는 것을 선행하다 보니, 적당한 크기 적당한 농도로 점적할 수 있었다. 더 나아가 용매조성을 찾는 일도 어렵지 않게 되었다. 난 매일 조금씩 실험을 익히고 알아가는 과정에서 실험에 재미를 느꼈다. 분리가 잘 안 되는 날이면, 어떻게 해야 분리가 잘될까 하는 생각으로 머릿속은 늘 실험 생각으로 가득했다. 고민하면서 논문을 찾아보거나 선배님들에게 물어보다 보면 해답을 얻기도 했다. 어떨 때는 컬럼 분획물 안에서 단일 화합물이 우수수 떨어지는 침전 형태를 얻기도 했다. 매일 다른 방법을 시도했고, 결과물을 얻었다. 그렇게 순수 단리된 단일 화합물을 NMR 분석 의뢰하러 가는 길은 너무 신났다.

TLC에 점 하나 찍는 것도 익숙지 않았던 나였다. 그런 내가 졸업할 때가 되니 19개의 화합물을 단리했다. 화합물들은 물리화학적 성상과 여러 분광학적 자료를 토대로 구조를 동정했다. 그중 5개의 화합물은 천연에서 처음 분리된 것이었다. 그것도 내가! 난 매일 내가 할 수 있는 한 최대치의 결과를 냈고, 그 결과물로 인해 논문이 풍성해졌다. 졸업논문을 쓰던 당시에 날마다 써나가야 할 내용을 꾸준히 썼다. 분석결과를 정리하고 그림과 표를 정리했다. 그리고 감사의 글로 논문을 마무리했다.

2년 동안 공부하고 실험했던 내용은 논문이라는 결과물이 되었다. 지금 쓰고 있는 이 책이라는 결과물이 어쩌면 비슷하다고 생각한다. 매일 꾸준히 기록하면 결과물이 모여 책으로 완성되리라. 그 결과물과 함께 나는 한 단계 더 성장해 있을 것이다.
석사 졸업논문을 썼던 대로 이 책을 매일 써가고 있다. 실험했던 결과로 논문을 썼듯, 내 인생에서 나의 경험과 내가 깨달은 것들을 이 지면에 써 내려가고 있다.

책쓰기 과정에서 같은 기수 작가님 중 한 분이 제일 먼저 출판계약을 했다는 메시지를 받고, 나는 누구보다 더 설레고 벅차올랐다. 그 메시지를 받고, 막연하게만 느껴졌던 출판계약이 현실로 다가왔기 때문이다. 그 작가님의 출판계약 소식은, 나도 곧 멀지 않았다는 기대감으로 이어졌다. 동기 작가님의 상기된 음성을 들었을 때, 나 역시도 설렘과 동시에 엄청난 동기부여가 되었다.

　그 작가님은 회사를 다니면서 빠른 속도로 원고를 써나가고 있었다. 난 퇴사라는 배수진을 쳤음에도 불구하고 출판계약이나 원고 쓰는 속도는 그 작가님보다 늦었다. 그런 상황에서 난, 이렇게 생각하기 시작했다. 사람마다 자신의 속도가 있고, 난 내게 적당한 속도로 가고 있다고 말이다. 다만 그 속도가 느려지지 않도록 스스로 동기부여하고 있다. 그 속도가 빠르거나 늦거나 상관없이, 내 속도로 꾸준히 하면 된다.

　한 꼭지가 완성되지 않아도 내 생각을 매일 조금씩이라도 꺼냈다. 그렇게 끼적여 놓은 문장으로 말미암아 한 꼭지가 쉽게 완성되기도 했다. 책쓰기와 함께 인스타그램, 블로그도 꾸준히 하고 있다. 유튜브도 다시 시작할 예정이다. 나의 열망은 멈추지 않을 것이다.

　책쓰기 과정을 통해 알게 된 선배 작가님들과 함께 식사할 때였다. 서로 자신의 인스타그램에 대해 말을 꺼냈다. 나는 매일 피드를 올리고 꾸준히 하고 있는 모습을 보여드렸다. 그리고 내가 올린 사진과 글들이 쌓이고 팔로워가 꾸준히 늘고 있어서 재미있다고 말했다. 그때 금선미 작가님이 해주신 말씀이 기억에 남는다.

　"너무 잘했어요. 그 성실함이 지혜 작가님이 된 거예요."

　이 성실함이 내가 되었다는 그 말이 너무 멋있었다. 한 마디, 한 마디가 내게 뼈가 되고 살이 되는 기분이었다. 작가님의 말은 위로받을 일이 없는 나에게 위로가 되는 마법이 되었다. 감정을 어루만져주는 말의 힘을 느낀다. 작가님이 그래서 상담심리 전문가이자 감정코치로 많은 이들에게 위로를 주고 있나 보다.

시작은 미미하지만 매일 꾸준히 하다 보니 어느새 팔로워는 740명에 다다랐고, 게시글도 97개에 달한다. 이렇게 만들어진 내 SNS 계정에 내 이야기를 공유하고, 내가 팔로잉하는 분들이 공유해준 사진과 글을 보며 동기부여를 받기도 한다.

나폴레온 힐의 저서《생각하라 그리고 부자가 되어라》에서는 이렇게 말하고 있다. "돈의 가치를 아는 나이에 이르게 된 모든 사람은 돈을 벌기를 원한다. 하지만 원한다고 해서 부가 다가오는 것은 아니다. 집착스러울 정도로 부를 열망하고, 부를 이룰 수 있는 확고한 방법을 계획하며, 실패를 인정하지 않는 끈기를 가지고 그 계획을 밀어붙여야만, 부를 이룰 수 있게 된다."

난 이 문장들 속에서 '부'라는 단어와 '꿈'이라는 단어를 바꿔서 혹은 함께 사용해도 의미가 잘 전달된다고 생각했다.

'원한다고 해서 꿈이 이뤄지는 것은 아니다. 집착스러울 정도로 꿈을 열망하고, 꿈을 이룰 수 있는 확고한 방법을 계획하며, 실패를 인정하지 않는 끈기를 가지고 그 계획을 밀어붙여야만, 꿈을 이룰 수 있게 된다.'

어떠한가? 너무 자연스럽지 않은가? 꿈과 부는 함께 가야 한다고 생각한다. 우리는 누구나 성장 욕구를 충족시켜줄 수 있는 꿈을 이루는 것과 동시에, 물질적으로도 풍요로움을 함께 누리며 살아야 한다. 그래서 꿈을 이루는 방법도 부를 이루는 방법과 일맥상통한다고 생각한다.

어제의 나보다 오늘의 내가 더 성장하고, 이렇게 난 매일 나아가는 중이다. 이 책을 보고 있는 여러분도 주문을 외워보자.

"나는 매일 나아지는 중입니다."

세상의 편견에
지지 마라

　　암에 대한 두려움 때문에 암에 걸렸고, 암과의 사투 끝에 죽음의 문턱을 넘어갔다 돌아온 인도인 여성, 아니타 무르자니는 그녀의 저서 《그리고 모든 것이 변했다》에서 이렇게 말하고 있다.

　　"내가 존재한다는 사실 자체만으로도 나는 조건 없는 사랑을 받을 자격이 있었다. 이 사랑을 받기 위해 내가 뭔가를 '할' 필요가 전혀 없다는 것을 깨달았다.(중략) 각자의 장엄함을 깨달을 때 우리는 다른 사람을 통제해야 할 필요가 없게 되고, 자신도 남에게 통제당하도록 내버려두지 않는다.(중략) 내가 곧 사랑임을 이해하는 것이야말로 내가 배운 가장 중요한 가르침이었다. 그것을 통해 나는 모든 두려움을 놓아버릴 수 있었다. 그리고 이것이 바로 내가 살아나게 된 유일한 이유이다."

　　그녀의 인터뷰 동영상을 시청한 적이 있다. 그녀는 임사체험을 하게 되었을 때, 자신의 모습을 모든 시공간을 초월해서 볼 수 있었다고 말했다. 건물을 예로 들어 비교했는데, 현재 자신이 살고 있는 지금은 건물의 한 층에 해당한다고 한다. 그 시간을 살고 있는 자신의 모습만 볼 수 있기 때문이다. 그런데 임사체험을 하니, 모든 층에서 살고 있는 자신의 모습을 한꺼번에 볼 수 있었다는 것이다.

그녀의 이야기를 듣고 난 후, 내 삶도 한 걸음 뒤로 물러나서 보는 여유를 가질 수 있었다. 내가 임사체험을 한 것은 아니지만, 책을 통해 간접체험을 한 것이라 생각이 든다. 그러면서 나를 더 이해하고, 그녀의 책을 통해 나를 허용하는 단계를 이해하게 되었다.

이 세상을 살면서 모든 시작은 내 마음과 생각에서 비롯된다는 것을 깨달았다. 그렇기 때문에 무슨 일을 하든지 내가 영혼으로 돌아가게 되면 모든 것이 끝난다. 내가 가장 즐거워야 하고 행복해야 마땅하다고 생각한다. 그리고 내가 하고 싶은 일을 하는 삶을 살아야 한다. 누구에게도 내가 강요하거나 내가 강요받는 것은 바람직하지 않다. 그래서 모든 이를 존중하고, 누구를 욕할 것도 없다. 결이 맞지 않다면 소통하지 않으면 그뿐이다. 이 세상을 살아가는 데 가장 중요한 것은 나 자신이다.

얼마 전 첫째에게 질문을 한 적이 있다.

"여행 세미나를 하는데 세미나를 주최하는 회장님이 직접 발표한대. 지호야, 회장님에게 질문하면 대답해주는 시간도 있다는데, 엄마 질문 뭐할까?"

그러자 첫째는 내게 1초의 망설임도 없이 이렇게 대답해주었다.

"엄마가 하고 싶은 거 질문해. 그게 100% 정답이야."

너무나도 명쾌하고 아름다운 대답이었다. 지호가 해준 말이 너무 멋있어서 한글파일에 저장해놓았다.

지난 추석 연휴에 시댁에 갔다가 다음 날 여수에 사는 친구 집에 놀러갔다. 나를 포함해서 친구들 세 식구가 한자리에 모였다. 그때 여수 친구는 우리에게 더 잘해주고 싶은 마음에 음식도 풍족하게, 담아내는 것도 예쁘게 하고 싶었단다. 그래서 음식이 부족하면 더 준비하기 바빴다. 반면 다른 친구는 한마디라도 더 이야기하고 싶어했고, 함께 있기를 바랐다. 그래서 여수 친구에게 그만하고 오라며 재촉하기에 이르렀다. 이에 여수 친구는 자신이 분위기를 망치는 사람이 된 것처럼 느껴졌고 스트레스를 받았다고 했다.

나는 지호가 해준 말을 여수 친구에게 해주고 싶었다. 왜냐하면 그 친구의 마음을 위로하고 싶었고 응원하고 싶었기 때문이었다.

"지금은 마음이 어때? 나는 네가 하고 싶은 대로 했으면 좋겠어. 네가 하고 싶은 대로 하는 게 100% 정답이니까."

그 후로 여수 친구는 마음이 편해졌다고 했다.

며칠 전 둘째가 내게 물어봤다.

"엄마, 누구를 더 사랑해?"

아마도 오빠와 자신 중에 누구를 더 사랑하는지 궁금했나 보다. 엄마로서 그런 질문을 받는 것은, 아이들에게 아빠가 좋아 엄마가 좋아 물어봤을 때 대답하기 난감한 상황과 비슷하게 느껴졌다. 나는 순간 기지를 발휘해서 말했다.

"엄마가 제일 사랑하는 사람은…"

"누구야? 나야? 오빠야?"

"황지혜."

"그건 엄마잖아."

"맞아, 엄마는 엄마 자신을 제일 사랑해. 내가 나를 제일 사랑해야 하는 거야. 그래야 다른 사람도 나를 사랑해줄 수 있어. 알겠지?"

다행히 그렇게 잘 넘어갔다. 그다음부터 둘째는 그런 질문을 하지 않았다. 지금 생각해보면, 내가 나를 사랑해야 하는 게 가장 중요하다는 걸 알려주려고 그랬나 보다. 내가 나를 사랑해야 다른 사람으로부터 나를 보호할 수 있다. 무엇보다 내가 나를 잘 다독여주고 용기 낼 수 있도록 응원해줘야 한다. 내 상태를 제일 잘 아는 것은 나 자신이다. 내 생각을 제일 잘 아는 것도 나, 내 기분과 감정을 제일 잘 아는 것도 나다.

남편을 만나서 결혼하기 전, 나는 자유롭게 활동하고 원하는 것은 뭐든 이루며 살았다. 행동하는 데 막힘이 없었고, 사람과 사귀는 것을 좋아했다. 그러다가 어느 순간 번아웃이 오면 혼자만의 시간을 보내거나 여행을 가기도 했다.

어느 날은 혼자 한라산에 올라가고 싶었다. 그래서 제주도 비행기 표를 구매하고 게스트하우스를 예약했다. 그리고 제주도에 도착한 후에는 대중교통으로 이동했다. 버스를 기다리는 동안 할머니들의 대화가 귀에 들어왔다. 다 알아듣지 못했지만 그 제주도 방언이 너무 좋았다. 들을 수 있는 단어는 '하르방'뿐이었다. 그렇게 혼자만의 시간을 보내고 있을 때 메시지가 왔다. 그 당시 사이좋게 지내던 고등학교 후배 녀석이었다.

"누나 어디야?"
"제주도."
"누구랑 갔어?"
"나랑."

그때, 그 '나랑'이라는 대답이 나는 참 좋았다. 내가 나랑 함께하는 여행. 그리고 그 후에도 이런 생각으로 나와 잘 지내온 게 아닌가 하는 생각이 들었다. 내가 나에게 주는 생일 선물 같은 것 말이다. 이번 달에 고생한 나에게 내가 어떤 선물을 줄지 고민하는 시간이 행복했다.

세상이 나를 어떤 편견을 갖고 바라보는지 중요하지 않다. 사람들이 들이미는 기준에 나를 맞출 필요도 없다. 내 기준에 맞

퇴사 후 비로소 나를 찾았다

게 살아가면 된다. 그렇게 세상의 편견에 휘둘리지 말고 나답게 살면 된다. 나는 그 누구보다 소중한 존재다. 나는, 그리고 당신은 아무것도 하지 않아도 사랑받아 마땅하다. 우리는 모두 존재 자체가 사랑이고 장엄한 존재임을 잊지 마라.

세상에 완벽한
타이밍은 없다

제약회사 연구원이 되고 싶다는 꿈은 나로 하여금 식물의 성분이나 쓰임에 대해 관심을 가지도록 했다. 원예학을 전공하면 채소, 과수, 화훼 및 조경식물의 생리와 생태, 재배, 유전, 육종, 저장, 이용 등의 분야에 대해 수학하게 된다. 하지만 난 식물의 성분이 궁금했고, 이를 어떻게 유용하게 이용할 수 있는지에 대해 더 알고 싶었다.

어느 날 사극 드라마에서 사약을 먹는 장면이 나왔다. 그 사약의 대부분을 차지하는 것이 부자라는 식물이라는 것을 알게 되었다. 부자는 많이 먹으면 독약이 되지만 소량 적절히 사용하면 약이 된다는 사실이 흥미로웠다. 그러면서 독성 식물에 대해 찾아보았다. 천남성, 반하 같은 식물 역시 독성이 있다는 사실도 습득하게 되었다. 특히 천남성은 열매가 빨갛게 익는데, 그것을 먹으면 입술과 혀가 붓는 증상이 나타난다는 것이다. 이렇게 식물에 대한 호기심은 계속되었고, 찾아보고 발견하는 식물 공부가 재미있었다.

　학부생 때, 자생식물 실험실 소속으로, 어느 야산에 가서 밭에 있는 돌을 골라내고 밭을 일궜던 기억이 있다. 산속에 있는 야트막한 언덕을 개간해서 야생초를 포장에 심었다. 그렇게 개간한 밭에 심었던 야생초 중 질경이라는 식물이 있었다. 그런데 그 밭 옆으로 난 길 가장자리에서도 질경이가 자라고 있었다. 몇 주가 지나고 다시 그곳에 갔을 때, 밭에 심었던 질경이는 길 가장자리에 있는 것보다 3~4배는 더 크고 건실했다. 난 그 크기에 놀라 자빠질 뻔했다. 야생에서도 잘 자라는 잡초를 개간한 밭에 심었으니 당연한 결과지만 말이다.

　식물의 성분에 관심이 많았기 때문에 도서관에 가서 식물 관련 책만 골라본 적도 있었다. 그러면서 잡초도 약초가 될 수 있음을 알았다. 그 당시 허준의 동의보감이라는 책이 나의 필독서였다. 더불어 식물도감과 약초도감들을 한창 즐겨봤다.

　제약회사 연구원이 되고 싶어서 나의 모든 관심은 이제 약학대학원에 가는 것에 맞춰졌다. 난 다른 사람들에게 꿈이 뭐냐고 물어봤고, 내가 그 질문을 받았을 때는 제약회사 연구원이라고 말했다. 그래서 약학대학원에 갈 것이라고 말하고 다녔다. 내가 하고 싶은 일을 선언하며 다녔다. 그리고 그에 걸맞게 식물이 자원으로서 유용한 것에 관심을 갖게 되었던 것이다.

　처음에는 어떻게 해야 제약회사 연구원이 되는지도 몰랐다.

하지만 그 꿈을 적으니, 내 관심은 온통 식물, 야생초, 자원식물, 생약, 천연물 분야로 향했다. 생약학 공부를 하다 보니, 학부생 때 알게된 질경이는 그 씨앗이 생약명으로 차전자이고, 약재로 쓰인다는 것을 알게 되었다. 그리고 첫 직장에서 건강기능식품 소재 개발 연구원으로, 건강기능식품 공전을 처음 뒤적이다가 차전자피를 발견하게 되었다. 건강기능식품 원료인 차전자피는 혈중콜레스테롤 개선과 배변활동을 원활하게 하는 데 도움을 주는 용도로 쓰인다. 모든 것이 하나로 연결되는 마법을 경험한 순간이었다.

나는 내가 하고 싶은 일을 생각했다. 그리고 그 생각을 종이에 적었다. 내 목표와 함께 그것을 가장 빨리 이룰 수 있는 방법까지 말이다. 그리고 사람들에게 내 꿈을 말하고 다녔다.

나의 선언은 곧 내가 되었다. 사실 난 약학대학원에 간다고 말만 하고 다녔지 정작 어떻게 가는지 방법을 몰랐었다. 나는 방법도 모르면서 알아보지도 않았다. 그랬더니 선배 언니가 대학원 원서모집 기간이라고 알려주는 것이 아닌가? 하지만 난 내가 약학대학원에 가서 어떤 전공을 해야 하는지도 모르고 있었다. 이미 원예학과에서 약학대학원에 간 선배님과의 통화 끝에 내가 공부하고자 하는 분야는 생약학이라는 것을 알게 되었다. 정말로 우주는 나를 돕기 시작했다. 나는 약학대학원 입학 후 2년이라는 시간 동안 꾸준하게 앞으로 나아갔다. 공부하고 실험하고 결과를 내서 논문으로 증명했다. 내게 기회가 왔고, 나 역시도 그 기회를 만들어가고 있었다. 결국 석사 졸업 후 천연약품학 전공으로 약학대학원 석사 졸업장을 받았다. 그렇게 내 꿈이 이뤄지도록 실천한 것이다. 결국은 천연물 소재 개발 연구원이 되었고 이후 신약 개발 연구원으로 꿈을 이어갔다.

처음부터 내 꿈과 완벽하게 맞는 '제약회사 연구원'이 된 것은 아니지만, 경력을 차곡차곡 쌓다 보니 신약 개발 연구원이 될 수 있었다. 내가 포기하지 않고 그 길을 꾸준히 걷는다면 결국은 이뤄낸다는 것을 20년이란 시간을 통해 경험으로 체득했다. 만약, 내가 더 간절히 원했다면 아마도 20년보다는 더 빠르게 이뤘을 거라고 생각한다.

신약 개발 연구원으로 10개월이라는 시간을 보냈다. 처음에는 내가 모든 것을 세팅하고 리더로 팀장으로 승승장구하는 모습을 그렸다. 하지만 입사 초기 희망으로 가득했던 나의 모습과 180도 다른 삶을 사는 내 자신을 발견했다. 에너지는 바닥났고, 어떻게 해서든 에너지를 만들어내면 이내 곧 모두 소진되었다.

난 그 생활을 곧 마무리하리라 마음먹었다. 그리고 1년이라는 시간을 채워서 한 달 치 월급과 함께 조기취업수당도 챙겨서 회사를 떠나야겠다고 생각했다. 하지만 그런 생각도 잠시, 얼마 지나지 않아 퇴사를 생각하고 실천에 옮겼다. 물론 한 달 치 월급과 조기취업수당으로 몇 개월 동안 나름대로 괜찮은 삶을 이어갈 수도 있었다. 그런데, 1년이라는 시간을 채우기 위해 2개월이라는 시간을 더 버텨야만 했다.

그렇게 생각하니 내 시간이 너무 아까웠다. 시간도 아까웠지만, 그곳에 내 에너지를 쏟아야 한다고 생각하니 그 에너지가 더 아까웠다. 내가 더 성장하고 성공하는 데 에너지를 쓰고 싶었다. 내 자유의지가 가로막히고 내 존재가 배척당하는 곳에서 더 이상 머물고 싶지 않았다. 10개월이란 시간 동안 버텼는데, 퇴사를 생각하니 하루빨리 벗어나고 싶었다.

퇴사를 생각하기 시작하면서 친구와 상담을 했다. 친구는 아직은 그만둘 때가 아니라고 했고 나 역시 생계를 유지해야 하니 그 의견에 동의했다. 그런데 그날 퇴근길에 퇴사가 답이라는 생각이 명확해졌다. 그리고 다음 날 퇴사를 선언했다. 정말 순식간에 인생이 바뀌는 순간을 경험했다.

나를 하루라도 빨리 새 삶을 살 수 있도록 도와준 대표님과 J에게 너무 감사하다. 어쩌면 이것이 그들의 소명인지도 모르겠다. 내가 다른 삶을 살 수 있게 도와주는 것 말이다. 그들의 앞날을 응원한다.

내가 심어놓은 씨앗은 잠재의식으로 하여금 꽃피우고 열매 맺을 수 있도록 기회를 만들어낸다. 그 기회의 타이밍을 잡을 줄 알아야 한다. 작은 시작으로 말미암아 기회가 내게 오도록 만들어나가야 한다.

나를 꾸준히 계발하고 성장시켜나가는 과정에서 기회가 생기고 아이디어가 나온다. 내가 작은 실천이라도 해야 기회와 아이디어가 생기는 것이다. 내 생각과 행동은 그에 따른 에너지를 자

퇴사 후 비로소 나를 찾았다

석처럼 끌어당기고, 비슷한 것들을 불러 모은다. 그렇게 나의 에너지를 키워 원하는 것을 이루게 된다. 그 과정에 나타나는 모든 순간은 기회라고 생각된다. 그 기회라는 것은 작은 시작에서 비롯된다. 어떤 일이든 꾸준히 해나가다 보면 적절한 때에 그것이 기회라는 것을 눈치챌 수 있게 된다. 세상에 완벽한 타이밍은 없다. 내게 오는 순간을 기회로 삼고, 그 기회를 낚아채서 원하는 내 모습으로 만들어보자.

제5장

진짜 인생은
지금부터 시작이다

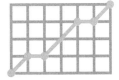

성공하고 싶다면
생각하라

지금 당신은 어떤 삶을 살고 있는가? 인생의 어디쯤 왔다고 생각하는가? 이 글을 읽을 정도면, 적어도 취업을 앞둔 청년이거나 인생 2막을 시작할 나이가 되었거나 혹은 나와 비슷한 40대 전후가 아닐까 짐작해본다. 나는 마흔이고, 인생 2막을 시작하고 있다.

나이에 상관없이, 자신의 삶을 어떻게 살 것인지는 자신의 선택에 달려있다. 나는 성공하는 삶을 살 것인지 현재에 만족하며 살 것인지 또는 다른 나만의 어떤 삶을 살 것인지 말이다. 내 인생은 내가 이끌어가는 하나의 우주다. 나만이 나의 우주를 창조할 수 있다. 어떻게 만들어 나갈지 온전히 자기 자신의 몫이다. 에스더와 제리 힉스의 저서 《유인력 끌어당김의 법칙》에서는 이렇게 말하고 있다. "자신의 물질적 삶 속에서 어떤 것을 체험할 수 있게 되기에 앞서서, 당신은 먼저 그것에 대해 생각해야만

합니다. 당신의 생각이 바로 초대장이며, 그것 없이는 어떤 것도 오지 않습니다. 우리가 당신에게 권유하는 건, 당신이 원하는 게 뭔지 의식적으로 결정한 다음, 의도적으로 자신이 원하는 것들에 대해서만 생각하고, 자신이 원하지 않는 것들에 대해서는 의도적으로 생각하지 말라는 것입니다."

며칠 전부터 나는 체중 감량하기 프로젝트를 시작해서 일주일째 지속하고 있다. 내가 혼자 진행하고 있는 그 프로젝트는, 내가 곧 크루즈 여행을 가니 멋진 몸매를 만들고 싶다는 생각에서 시작되었다. 나의 멋진 몸매를 만들기 위해서 목표를 세운 것이다. 대학생 때 '제약회사 연구원'이란 꿈을 종이에 적었듯, 난 '8kg을 감량했다'를 적었다. 이미 이뤄진 것같이 목표를 종이에 적은 것이다. 목표하는 마감 기한은 크루즈 여행가는 날짜로 설정했다. 그다음 실천할 목록 4가지를 정리했다. 그리고 그 목표를 나의 지인들에게 선언했다. 그리고 오늘이 선언한 지 8일째 되는 날이다. 오늘도 4가지 중 3가지를 성공했다. 모든 결과는 내 블로그에 아웃풋하고 있다. 목표일까지 8kg 감량하기는 계속될 것이다.

그렇게 매일 아침 나는 작은 성공들을 맛보고 있다. 작은 성공으로 성취감을 느꼈다. 그로인해 내 기분이 좋아졌고 자존감도 매우 높아졌다. 내가 생각한 대로 실행하니 결과도 나타나기 시작했다. 몸무게 변화는 거의 없지만 체형이 조금씩 변하는 게 느껴졌다. 체중 감량하기 프로젝트는 '멋진 몸매를 만들어야지'

라는 나의 생각에서 시작된 것이다. 그렇게 시작된 건강한 습관
이 긍정적인 생각과 함께 멋진 몸매라는 결과를 향해 가고 있다.

개그맨이고 작가면서 자신의 사업을 꾸준히 자기만의 방식대
로 키워가고 있는 요식업 경영자, 고명환이라는 작가가 있다. 내
가 두 번째 직장에서 시련을 겪고 있을 때, 책에서 답을 찾고자
자동화시스템이라는 키워드로 찾아서 단숨에 읽어 내려간 그
의 저서 《이 책은 돈 버는 법에 관한 이야기》로 처음 그의 존재
를 알게 되었다.

그는 그의 인스타그램에 매일 아침 긍정확언을 하고 있다.
1,000일이라는 목표를 세우고 매일 실행하는 그를 보며 나도 그
가 주는 에너지를 받고 있다. 그런 그의 꾸준함이 좋았다. 그와
나는 결이 비슷하다고 생각했다. 그가 하는 활동을 보고 있으면
마음이 편안하고 즐겁고 재미있었다. 나중에 그와 식사하는 모
습을 상상해본다.

그가 하는 말이 귀에 쏙쏙 들어왔다. 한 번은 그의 유튜브 방
송을 듣게 되었는데, 그는 그 채널을 통해서 책을 읽어주었다.
아르투어 쇼펜하우어(Arthur Schopenhauer)의 저서 《쇼펜하우
어의 행복론과 인생론》이었다. 인상 깊었던 것은 그가 예를 들
어 설명해주는 부분이었다. 부모인 내가 아이들에게 교육하는
방식을 다시 생각하게 됐다. '사과'라고 하면 미리 설명해주는
것이 아니라, 그냥 사과를 주고 아이 스스로 직관적으로 관찰할
수 있게 해주는 것, 그렇게 아이 스스로 직관을 키울 수 있게 해
주는 게 중요하다는 것을 알게 되었다. 사과를 직접 관찰하고 맛

보고 냄새를 맡으며 직관적으로 알게 된 것들은 추상화 과정을 거쳐 개념이 된다. 그런데 그런 직관과 개념이 서기도 전에 부모들은, 얼마 되지도 않은 지식과 정보를 자녀에게 주입식으로 교육하고 있다. 나 역시도 그랬다. 아이들이 자연을 직접 관찰하고 느끼고 알기도 전에 그 힘을 기를 수 있는 기회를 빼앗았다. 맥문동, 산수유, 토끼풀, 강아지풀 등 식물을 보는 순간 그 이름부터 정확히 알려주려고 했던 지난날의 내 모습을 반성했다.

아이 스스로 경험하고 직관을 통해 정리된 개념은 그 아이로 하여금 생각 주머니를 키우고 자신만의 장르를 만들 수 있는 힘을 기를 수 있다고 그는 덧붙였다. 나는 이런 관점에 대해서 전혀 생각해보지도 알지도 못했다. 내게 오는 이런 자극과 동기부여들이 나를 더욱 성장시켜주고 있다. 새로운 관점도 생겼다.

그래서 오늘 아이들을 등원시킬 때 그들이 관찰하고 가져오는 것을 한 발짝 떨어져서 지켜봤다. 그들은 민들레를 뽑아오기도 하고, 세잎 클로버를 뽑아오기도 했다. 그들의 직관과 개념이 잘 발달되길 바라는 마음에서 더 새로운 것을 보면, 그들의 관찰이 끝날 때까지 기다려주리라고 마음먹었다. 아이들 스스로 생각하는 힘을 기르는 하나의 방법이 될 수 있겠다고 생각했다. 나와 함께 성장할 아이들이 스스로 자신의 삶을 살 수 있도록 생각하는 힘을 길러주고 싶다. 그리고 이 경험을 모아, 모든 아이들이 자신만의 인생을 살아갈 수 있는 기반을 닦도록 돕고 싶다.

얼 나이팅게일(Earl Nightingale)은 그의 저서《사람은 생각하는 대로 된다》에서 자신이 어떤 인생을 살 것인지 생각하고 결정을 내렸다고 기록하고 있다. "첫째는 성공의 비밀을 발견하는 것이고 둘째는 작가가 되는 것이었다."

그는 그가 생각한 대로 생각이 가진 놀라운 힘을 일깨울 수 있도록 긍정적 사고, 동기부여, 잠재력 등을 가르쳤으며 웨인 다이어, 밥 프록터 등 수많은 사람에게 영감을 주었다. 또한 라디오 방송국에서 아나운서로 일했으며, 직접 대본을 쓰고 많은 사람들에게 깊은 영감을 주는 메시지를 전했다. 그의 방송이 큰 성공을 얻으며 책을 쓰고 싶다는 소원도 이루었다. 나 역시도 어떤 인생을 살 것인지 생각하고 결정을 내렸다. "첫째는 작가가 되어 부자가 되는 것이고 둘째는 어린이와 그들의 부모가 잘살 수 있도록 도와주는 것이다."

나는 어린 시절 풍족하지는 않았지만, 부족함을 모르고 자랐다. 그 세상이 내가 알고 있는 전부였기 때문에 부족함이 무엇인지 몰랐다. 하지만 돈이라는 물질이 주는 풍요로움을 인식하고부터 더 잘살고 싶어졌다. 그런 나의 욕망이 부자가 되길 원하게 했다.

나는 부자가 되고 싶다는 생각이 나쁘다고 생각하지 않는다. 이 세상은 풍요롭고 나도 그것을 누릴 자격이 있다고 생각한다. 누구나 부자로 살고 싶어 한다. 하지만 내가 부자가 될 수 있다고 믿지 않거나 의심하면 풍요로움은 달아나게 된다. 그래서 지금부터 우리가 할 일은 바로 성공이든 부든 일단 자신이 원하는 모습을 생생하게 그리는 것이다. 그렇게 원하는 것을 생각하고, 그것을 성취하고 가질 수 있다고 믿는다. 이후에 내가 이루고 싶은 것을 계속 원하고 그것을 갖게 될 때까지 지속적으로 기대하면 된다. 그리고 이룰 수 있는 계획을 세워 꾸준히 실천하기만 하면 된다.

너무도 간단해서, 아마도 대부분의 사람들은 또 똑같은 소리 한다고 할 수 있다. 하지만 된다. 내가 20년 동안 경험한 성공 비법이 바로 이것이다. 내가 지금 끌어당기고 있는 모든 성공과 부의 법칙에서 말하고 있는 것이다. 자기계발서, 성공과 부에 관한 에세이 등 모든 저서에서도 강조한다. 당신은 어떠한 인생을 살고 싶은가? 더 많은 부를 쌓고, 성공한 인생을 살고 싶은가? 그렇다면 지금 당장 생각하라.

다른 사람에게
도움이 되기 위해서 존재한다

얼마 전에 지인들과의 모임이 있었다. 예전처럼 많은 양의 술을 마시지 않았다. 분위기에 맞게 가볍고 기분 좋게 조금만 곁들였다. 그리고 모임을 마친 후, 대리운전을 이용해 집으로 돌아왔다. 집으로 오는 차 안에서 대리운전 기사님과 나의 지난 직장 이야기를 시작해서 이런저런 이야기를 나눴다. 나이가 지긋하신 대리기사님에게 들은 이 한 문장이 기억에 남는다.

인사가 전부다!

인사(人事)란, '사람의 일'이란 뜻이다. 어떤 일이든 모든 것은 사람과 관련되지 않을 수 없다. 첫 직장에서 함께 일하는 동료들이 좋았고 사수와 팀장님, 연구소장님으로 인연을 맺었던 분들이 모두 존경스러웠다. 그런 이유로 첫 직장에서 비교적 오래 일할 수 있었다.

　가정에서, 직장이라는 조직에서 그리고 성공을 향해 나아갈 때 사람을 만나지 않고 살 수 없다. 내가 만나는 모든 사람들과 인연을 맺으며 살아간다. 그렇기 때문에 '인사가 전부다'라고 대리기사님이 나지막이 했던 말이 아직도 마음에 남는다. 내가 잘되는 것도, 모두 사람 덕분이고, 내가 힘들었던 일도 대부분 사람 사이에서 생긴 문제 때문이었다. 인간은 사회적 동물이기에 관계를 맺고 거기에서 생기는 문제를 해결하며 살 수밖에 없다.

　취업포털 잡코리아가 직원 수 300명 미만인 중소기업 307개사를 대상으로 조사한 '2021년 직원 퇴사율 현황'에 따르면 중소기업의 직원 퇴사율은 평균 11.2%로 나타났다. 퇴사자가 가장 많았던 부서는 '영업/영업관리(40.2%, 복수응답)'에서 유독 퇴사자가 많았다고 답했다. 퇴사자가 많았던 이유에 대해 특정 업무에 따른 스트레스 때문(51.9%)이라는 응답이 가장 많았다.
　이 외에도 △야근, 특근 등 타 부서보다 높은 업무 강도(45.0%) △타 직무보다 낮은 급여수준(28.0%) △경쟁사, 관계사 등 이직 제의가 쉽게 이루어질 수 있는 부서/업무 특성(24.9%) 등을 꼽았다(출처 : 데이터솜(www.datasom.co.kr)). 특정 업무 스트레스라는 것이 영업직에서는 사람을 대하는 업무가 대부분이지 않을까? 그만큼 퇴사율도 높고, 스트레스도 많은 이유다.

　우리는 평생을 살면서 여러 사람들을 만나게 된다. 내가 원하든 원하지 않든 그들로부터 영향을 받는다. 사람을 만나지 않고 살 수 없고, 그들과의 관계 속에서 사회생활을 이어나가기 마련이다. 그렇기 때문에 내가 아닌 타인과 조화롭게 협력하며 살아야 할 것이다. 타인과의 관계 속에서 그들을 돕기도 때로는 내가 도움을 받기도 하면서 말이다.

《사람은 생각하는 대로 된다》의 저자 얼 나이팅게일은 이렇게 말하고 있다. "부는 다른 사람을 돕는 것에서 시작된다." 그리고 그는 아인슈타인의 말을 인용했다. "사람은 오직 다른 사람들에게 봉사하기 위해 존재한다." 그리고 이 부분에 완전히 몰두해 보자고 한다. "서비스를 제공하는 방법이 뭐가 있을까? 또는 최고의 서비스를 제공하는 방법은 무엇일까? 그리고 계속 서비스를 제공하라"고 말이다.

이 같은 맥락에서 우리가 성공하기 위해서는 사람이 기반이 되어야 한다. 내가 번 돈이라는 것은 누군가로부터 나에게 온 것이기 때문이다. 박종기의 저서 《지중해 부자》에서 지중해 부자는 다음과 같이 조언하고 있다. "사람에게 잘해야 합니다. 나 외에는 모두 남입니다. 남이란 '감사한 사람'의 다른 표현입니다. 그들을 만날 때마다 감사한 마음을 갖고 감사하다는 말을 해야 합니다. 부자는 남들이 만들어 줍니다. 남들에게 인정과 사랑을 베풀기 바랍니다."

첫 번째 직장 또한 천연물이라는 소재를 이용해서 건강기능식품을 만들고, 화장품을 만들어서 고객에게 전하는 연구 업무가 가치 있다고 생각했다. 그 과정에서, 난 천연 소재를 연구개발하는 연구원의 길을 걸어왔다. 삶을 건강하고 아름답게 해서 사람들이 행복하게 살 수 있도록 돕는 일이었다. 신약 개발 연구 또한, 항암제를 개발해서 사람들의 건강을 되찾을 수 있도록 도움을 주는 일이었다.

직장에 다닐 때, 편도 30km 거리를 운전으로 매일 출퇴근했다. 그때 난 고속도로를 주로 이용했다. 일반도로를 이용하면 신호등이 빨간불로 바뀌는 그 시간은 길에서 낭비된다고 생각했기 때문이다. 그래서 10분을 절약하더라도 통행료를 내고 고속도로를 이용했다. 몇천 원에 시간을 벌었다고 생각했다. 그 시간은 신호등을 만나 정차하는 시간 낭비를 없애주고, 가족과 함께하는 시간을 만들어주었다. 어떻게 보면 고속도로는 먼 거리를 빨리 가도록 도와주고 시간을 절약해주는 고마운 시설이라는 생각이 들었다. 이렇게 생각하니 고속도로도 사랑에서 나온 결과물이 아닌가 싶었다. 그것을 이용하는 한 사람으로서 고속도로를 만들어서 시간을 절약하게 해준 그 창조자에게 감사의 마음을 표한다.

취미 부자였던 나는 목공에 관심을 갖고 배우기 시작했다. 어느 날 친하게 지내던 언니가 이사를 했다. 선물해주고 싶은 마음에 필요한 것이 있느냐고 물어봤다. 언니는 휴지걸이가 필요하다고 했다. 난 그 소품을 만들기 시작했다. 그 언니가 선물받고 편하게 휴지를 걸어놓고 쓸 수 있길 바라는 마음으로 직접

퇴사 후 비로소 나를 찾았다

만들어 선물했다.

난 취미로 잠깐 했지만, 전문적으로 가구나 소품을 만드는 이유도 매한가지일 거라는 생각이 들었다. 이와 같은 창작의 시작은 다른 사람을 행복하게 만들고자 하는 사랑이 바탕이 되었기 때문이 아닐까.

첫 직장에서 퇴사 후 두 달 남짓 쉬면서 난 인터넷 강의를 듣고, 바리스타 자격증과 정리수납 전문가 자격증을 획득할 수 있었다. 바리스타는 전문적으로 커피를 만드는 사람이다. 자격증 과정을 통해 커피를 이해하고 품종, 로스팅, 제조 방법에 따라 다양하게 커피를 만드는 전문가가 될 수 있다. 내가 좋아하는 커피를 내가 사랑하는 사람들과 더 맛있게 마실 수 있는 것이다.

정리수납 전문가는 맥시멀라이프를 사는 우리들의 공간을 정리해주는 전문가다. 난 정리하는 방법을 배워서 스스로 내 공간을 정리하고 싶었다. 하지만 시간이 없는 사람은 그 전문가에게 비용을 지불하고 공간을 정리할 수 있다. 그들의 시간을 아껴주고 정리를 해야 하는 스트레스를 없애주는 것이다.

한 해 전에도 숨고라는 어플을 통해 에어컨 청소를 의뢰한 적이 있었다. 이사 온 이후로 한 번도 에어컨 청소를 한 적이 없었다. 나는 에어컨에서 시커먼 물이 떨어지는 것을 본 순간 청소를 해야겠다고 생각했다. 스스로 하려니 엄두가 나지 않았다. 하지만 대신 에어컨 청소를 해주는 전문가가 있으니 걱정은 말끔히 사라졌다.

최근에 주방 싱크대에 있는 수전을 교체하고 싶었다. 그래서 마음에 드는 수전을 직접 주문했다. 그리고 숨고라는 어플을 통해서 그것을 교체해줄 전문가를 쉽게 찾을 수 있었다.

어쩌면, 부를 이루는 방법은 다른 사람을 돕는 것에서 시작되는 것이 아닌가 생각이 든다. 누군가를 행복하게 하는 일 혹은 스트레스받는 일을 대신해줌으로써 돈을 벌 수 있다.

나와 가족 혹은 지인에게 도움이 될 만한 일을 해야 한다. 가깝게는 내 가족, 더 멀리 본다면 내가 만든 것을, 내가 제공한 것을 이용하는 사람을 위한 사랑이 바탕이 되어야 한다. 내가 그들을 돕고, 도움받은 사람들이 행복해할 것을 상상하면, 나 역시도 행복해진다. 그렇기에 꿈을 꾸기 시작하는 사람이든 인생 2막을 살고자 하는 사람이든. 꿈을 꾸고 이뤄본 사람이든, 사람에 대한 사랑을 기본으로 꿈꿔야 하지 않을까? 그래야 위대한 결과도 있으리라고 생각한다. 다른 사람의 행복을 위한 일이 결국 나를 행복하게 한다.

진짜 인생은
지금부터 시작이다

　　내 나이 만으로 마흔이다. 적지도 않고 많지도 않은 딱 성공하기 적당한 나이다. 석사 졸업 후 사회에 나와 일을 시작했으니 16년 차 사회인이다. 그동안 숱한 경험과 깨달음을 얻으며 최선을 다해 살아왔다. 인생 2막을 준비해도 될 나이다.

　박종기의 저서 《지중해 부자》에서는 이렇게 말한다. "30대에 는 40대를 준비하는 게 최고야. 살아보니까 30대는 성공하기 엔 부족한 게 많고, 40대는 되어야 성공다운 성공을 하더라고." 10대는 많이 놀고, 공부하며 몸과 마음을 키워야 하는 시기라 면, 20대, 30대는 그 젊음의 열정으로 더 많은 경험과 실패를 해 보는 것도 나쁘지 않다고 생각한다. 그래야 40대에 진정으로 원 하는 것을 실행할 수 있는 의지와 여건이 마련되기 때문이다. 누 가 뭐래도 흔들리지 않는 힘이 생기는 것이다.

그래서 마흔을 불혹이라 했던가? 옛 성인의 말이 이제 내게도 딱 들어맞는 시기가 되었다. 시간이 많이 흐른 지금도 그들의 명언이 여전히 진리로 통하고 있는 걸 보면, 그들은 어떤 삶을 살았던 걸까? 불혹(不惑)은 나이 40세를 이르는 말로 세상일에 정신을 빼앗겨 갈팡질팡하거나 판단을 흐리는 일이 없게 되었음을 뜻한다. 공자가 40세에 이르러 직접 체험한 것으로《논어》〈위정편(爲政篇)〉에 이 내용이 언급되어 있다.

10대에는 학교 친구들과 선생님이 전부였고, 20대에는 친구들, 30대에는 회사 동료, 그리고 배우자에 의해 가장 많은 영향을 받았다. 이제 40대가 되어, 회사라는 조직을 떠났고, 난 홀로 서 있다.

나의 내면에서 일어난 마음의 변화로, 새로운 인생을 시작했다. 내가 변하니 내 주변 환경도 변하기 시작했다. 집 청소와 정리가 되었고, 만나는 사람들에도 변화가 찾아왔다. 어떤 이들과는 연락이 끊기기도 했다. 그러면 그 사람과의 인연은 거기까지라고 생각했다. 특별히 더 애쓰지도 그렇다고 외면하지도 않았는데 자연스럽게 인간관계가 정리되었다.

새로운 인간관계도 생겼다. 나와 에너지 파동이 비슷한 이들과도 인연을 맺었다. 그들을 만나면 함께하는 시간이 즐겁다. 에너지가 넘치고 아이디어가 솟아오른다. 긍정적인 기운이 부정적인 기운을 덮어버린다. 그들과 있으면 에너지가 생기고 그 에너지는 시너지 효과를 낸다.

꿈과 생각을 공유하는 친구들을 만나기도 했다. 자주 만나지 않았던 지인들은 각자 자신의 삶을 살다가, 성장한 모습으로 만나 더 소중한 존재가 되기도 했다.

오랜만에 만난 지인들은 다들 자기 삶에 진심으로 열심히 살고 있었다. 그들을 만나는 일이 왜 그렇게 설렜는지 모른다. 이들의 나이도 나와 크게 차이가 없었다. 그리고 그들의 인생은 그대로 안정적이기도 했고, 막 인생 2막을 시작했거나 2막 시작 전이기도 했다. 그들을 만나러 가는 그날들은 매번 하늘색이 그 자체로 동화였고, 그들을 만나러 갈 때 보았던 석양은 너무 아름다웠다.

내가 행복한 마음으로 세상을 바라보니, 세상은 행복으로 가득했다. 반대로 힘들고 시련의 시간을 보내던 이전에는 세상이 어두워 보였다. 지난여름 유독 비가 억수같이 퍼부었던 그때는 말이다.

며칠 전 다섯 분의 작가님과 미국으로 크루즈 여행을 다녀왔다. 미국은 처음인데, 오로지 크루즈 배를 타기 위해 로스앤젤레스에 간 거였다. 로스앤젤레스 롱비치 근처에 있는 호텔에서 1박을 하고 다음 날, 바로 크루즈를 타는 일정이었다. 그렇게 설레는 마음으로 호텔로 이동하고 있을 때, 갑자기 청천벽력 같은 소식을 접하게 되었다. 내일 타려고 했던 크루즈가 결함으로 운항이 취소됐다는 것이다. 난생처음 미국에 왔고, 첫 크루즈 여행을 하려는데 취소됐다니! 그 소식을 들은 우리 일행은 모두 멘탈이 붕괴되었다.

계획되어 있던 크루즈가 취소되면서 다른 팀과 연락을 주고 받았다. 그들은 비행기 안에 있었고 로스앤젤레스 공항에 내리자마자 이 소식을 들었다. 우리는 다음 날 그들과 합류했다. 크루즈 여행의 전문가였던 김무연 대표님을 만나게 되었고, 이를 안타깝게 여긴 대표님은, 일행들 모두에게 요트 투어와 철판 요리를 선물해주셨다.

나도 돈을 많이 벌어서 저렇게 베풀면서 살아야겠다고 다짐했다. 대표님의 배려로 로스앤젤레스의 하루가 풍요로워졌다. 그 이후 우리 팀은 계속 여행을 하기로 결정했다. 일흔가량 되신 부부 두 커플과 두 명의 추가 인원이 우리 여섯 명과 한 팀이 되었다. 우리 팀은 열 두 명이 되었다. 이렇게 다시 한 팀이 되어 다른 크루즈를 예약하자는 의견이 모아졌다. 오전에 요트 투어를 하면서도 점심으로 철판 요리를 먹으면서도 해가 지고 어두워질 때까지 열 두 명이 같은 일정으로 함께하기 위해 크루즈 예약을 시도했다.

크루즈 내에 캐빈(Cabin)이라고 하는 룸을 예약해야 했다. 수많은 시도 끝에 열 두 명은 모두 한 크루즈를 탈 수 있게 되었다. 새롭게 예약한 크루즈는 미국 동남부에 위치한 올랜도에서 승선해야 했다. 그렇기 때문에 올랜도로 가는 미국 내 국내선 비행기도 예약했다. 그리고 로스앤젤레스에서 당일 묵을 숙소도 예약을 마쳤다. 모두가 기적이라고 부를 만큼 축제 분위기가 되었다. 그야말로 위기가 기회가 된 순간이었다. 그도 그럴 것이 우리가 다시 예약한 크루즈는 22만 톤급, 'Allure of the seas'로 세상에서 가장 큰 크루즈였던 것이다. 이렇게 미국 여행이 처음이었던 나는, 반은 자유 여행과 투어로 반은 크루즈 여행으로 알

퇴사 후 비로소 나를 찾았다

차게 여행할 수 있었다. 미국 서부에 위치한 로스앤젤레스에서 미국 동남부에 위치한 올랜도를 가로지르는 우리의 여행은 모든 것이 행운의 연속이었다.

이렇게 재편성된 우리의 미국 여행에서, 일흔 생일을 맞으신 신사적인 분과 이야기를 나눌 기회가 있었다. 그분은 무언가를 하기에 너무 나이가 많이 들었다고 하셨다. 그들이 살아온 환경은 지금과는 너무 달랐다고도 하셨다. 하지만 그때 나와 이야기를 나눈 그분은 그 상황에서도 여행을 멈추지 않고 10박 11일의 일정을 끝까지 완주하셨다. 자식의 도움 없이 직접 모든 것을 예약하고 미국까지 크루즈를 타러 오신 것을 보면 그의 인생도 지금부터 얼마든지 원하는 대로 살 수 있을 거란 생각이 들었다. 내 눈에는 그분이 나보다 더 용기 있어 보였다. 나이는 상관없었다. 내가 이루려고 하는 의지만 있다면 모든 것이 가능하다고 생각한다. 다만 자신이 한계를 긋지 않고 가능하다고 생각해야 할 것이다.

그동안 우리는 누구보다도 최선을 다해 살아왔다. 쉽지 않았다. 다른 사람의 눈치를 보기도 하고, 내 마음 같지 않아서 힘들기도 했다. 때로는 화가 나기도 하고, 좌절감을 맛보기도 했다. 이 글을 읽는 당신도 마찬가지일 것이다. 당신이 겪은 실패와 좌절들은 다른 사람을 돕기 위한 재료가 될 수 있다. 그런 경험이 쌓인 당신이 마흔이라면 더더욱 성공하기 좋은 나이다. 내 나이가 그렇고, 이전에 성공한 사람들이 그랬다. 40대 즈음인, 혹은 인생 2막을 시작하려는 모두에게 이제는 하고 싶은 것을 하라고, 할 수 있다고, 격렬히 응원한다고 말하고 싶다.

우리가 살고 있는 이 세상에서 내가 가장 젊은 날은 바로 오늘이다. 그리고 내가 진짜 인생을 시작할 수 있는 시간도 바로 지금이다. 자신의 삶이 지금처럼 행복하길 바라는 것도, 앞으로 더 행복하길 바라는 것도 당신 지금 무엇을 생각하는지 그것에서 시작된다.

나 역시도 오늘, 바로 지금부터 시작이다. 나는 멈추지 않을 것이다. 나는 분명히 성공하고 큰 부를 거머쥘 것이다. 그리고 그 방법을 내가 아는 모든 사람들과 공유하며 함께 성장할 것이다. 이렇게 미국 여행이 처음이었던 나는, 반은 원대한 꿈을 꾸고, 그 꿈을 이루려 실행에 나서고 있다. 행복한 어린이 교육센터를 세우려는 게 그것이다. 이 꿈이 이뤄지고 나면 나는 더 큰 꿈을 꿀 것이다.

세계적인 부호이자 테슬라와 스페이스엑스의 최고경영자 일론 머스크(Elon Musk)는 우주로 날아가는 꿈을 꾸었다. 그리고 이제는 인공지능(AI) 업체 'xAI'를 설립해 오픈AI의 '챗GPT'와 구글의 '바드'를 뛰어넘는 AI를 만들겠다고 선언했다. 그의 행보가 이토록 거침없는 것은 생각하고, 실천해서 꿈을 이뤄봤기에, 모든 꿈은 이루어진다는 것을 알기 때문이 아닐까? 나라고 못 할 일이 어디 있겠는가? 당신도 이 우주의 법칙을 이용해보자. 진짜 인생은 지금부터 시작이다.

퇴사 후 비로소 나를 찾았다

더 이상 나를
방치하지 말자

　　직장을 다닐 때 신입 연구원들을 보며 안타까운 부분이 있었다. 전문대 졸업을 해서 취직을 하고 허드렛일을 도맡아 하면서 회사에서 주는 월급이라는 마약에 길들여진 모습 말이다. 똑같은 일을 하지만 그들은 전문대 졸업이라는 이유만으로 비교적 비중이 낮은 업무를 부여받는다. 권한도 주지 않는데 허드렛일은 도맡아 하고 있다. 하지만 하는 일은 큰 차이가 없어 보인다. 다만 실험 결과를 해석하고 다음을 계획하는 능력은 키워야 한다. 그들은 자신의 모습에 안주하고, 이만큼 주는 게 어디냐며 한 직장에 자신의 운명을 맡긴다. 자기계발을 하고 성장하려는 인간 본능의 욕구를 억제하면서 말이다. 회사는 굶어 죽지 않을 정도의 월급만 줄 뿐이다. 이 세상에 월급쟁이 큰 부자는 없다.

동일한 일을 하는데 누구는 연봉을 더 받고, 더 대우받으며 회사에 다닌다. 대우나 인정을 받다가도 그의 인사권을 쥔 누군가가 나를 잡고 흔든다면, 난 흔들릴 수밖에 없다. 밥 프록터(Bob Proctor)는 그의 저서 《부의 원리》에서 다음과 같이 말하고 있다. "피고용인의 운명은 고용주 한 명의 처분에 달려 있고, 그 고용주는 아무 때나 당신의 일자리를 없앨 수 있다."

연구원도 회사에 속한 직장인이다. 그렇기 때문에 나를 고용한 대표가 내 일자리를 없앨 수 있다. 나 역시 이미 경험해봤기에 알 수 있다.

내가 회사라는 조직에 속해 있다면, 그곳에 나의 시간과 노동력을 제공하고 일한 만큼 돈을 번다. 따라서 내가 쓸 수 있는 내 시간은 회사가 정해주는 만큼 사용 가능하고, 그 시간마저도 눈치를 볼 수밖에 없다. 내가 휴가를 가는 동안 그 일을 누군가는 해야 한다면, 동료에게 불편함을 주기 때문이다.

내가 일하는 만큼만 벌 수 있기 때문에 월급쟁이가 부자 되기는 힘들다. 나 역시도 월급쟁이의 프레임에 갇혀 있었기 때문에 더 성장하는 길은 승진에 의한 연봉상승이거나 이직으로 인한 연봉상승이 전부라고 생각했었다. 요즘은 N잡러라고 해서 회사에 다니면서도 여러 가지 수입원을 확보하는 직장인이 늘고 있고, 소득을 얻을 수 있는 방법도 다양해지고 있다. 하지만 보통은 회사에 소속되어 월급을 받으며 안정적인 생활을 영위하고자 한다.

어떤 이는 자신의 사업을 해보니 모든 것을 스스로 해야 하기

퇴사 후 비로소 나를 찾았다

에 힘들었다고 했다. 가족과 함께할 시간도 없이 업무를 처리하느라 바빴단다. 그래서 다시 회사에 입사했고, 이전보다 더 행복하다는 것이다. 회사에 다니니 업무를 마치고 퇴근후 가족들과 보내는 시간이 더 늘었다는 것이다. 자신이 더 가치 있다고 생각하는 데 시간을 할애하면 되고, 단지 그것을 선택하기만 하면 될 뿐이다.

월급을 받으며 소속감과 안정감을 느끼고, 그 삶을 누리는 것이 자신과 맞다면 그렇게 하면 된다. 회사에 다니면서 제2, 제3의 수입 파이프라인을 만들어도 된다. 하지만 자기계발의 끝판왕인 당신 같은 사람은 성장 욕구가 매우 높은 사람일 것이다. 그렇기 때문에 그곳을 벗어날 준비를 해서 당신만의 당신다운 일을 하길 바란다.

요식업계 경영인이자 개그맨인 고명환은 말한다. "장사란 내가 만든 상품을 나답게 판매하는 것이다." 나답다는 것은 나에게 창피하거나 부끄럽지 않아야 한다. 나의 그릇을 높이면 나다움이 올라간다. 내 그릇을 키우면서 다른 사람의 기준에 신경 쓰지 말고, 나답게 살고 나답게 팔면 된다. 내가 가장 중요하다. 나 스스로에게 부끄럽지 않고 남의 시선 생각에 눈치 보지 말고, 나 자신에게 부끄럽지 않은 삶을 살자고 말이다.

얼 나이팅게일은 저서 《사람은 생각하는 대로 된다》에서 그의 오랜 친구 레드 모틀리(Red Motley)가 한 말을 전했다.

"어떤 사람에게 무언가를 팔기 전까지는 아무 일도 일어나지 않는다!"

내가 팔 수 있는 것은 무엇일까? 무엇을 팔아서 어떤 일이 일어날 것인가? 브렌든 버처드(Brendon Burchard)는 자신의 저서 《백만장자 메신저》를 통해 다음과 같이 말한다.

"결론적으로 당신은 사람들이 성공하도록 조언하고 관련 정보를 제공해 대가를 받을 수 있으며 이렇게 함으로써 스스로의 성장과 먹고사는 문제, 두 가지를 모두 해결할 수 있다. 즉 의미 있는 삶과 물질적인 만족을 동시에 얻을 수 있다."

즉, 메신저라는 것은 간단히 말해 다른 사람들에게 조언과 지식을 제공하고 대가를 받는 사람이라고 한다. 우리 주변에 있는 강연가, 상담가, 유튜버, 컨설턴트 등 우리가 접한 그 사람들이 메신저, 1인 기업가였던 것이다.

누구나 자신만의 경험과 인생스토리, 그리고 깨달음이 있다. 그것을 이용해 다른 사람들이 성공하도록 도울 수 있다. 당신이 원한다면, 자신만의 비즈니스 모델을 구축해보자.

나는 월급쟁이에서 벗어났기에 수입원 하나가 무너졌다. 그렇기 때문에 금전적으로 불편한 상황이 있었다. 다행히 첫 직장에서 오래 근무했기 때문에 퇴직금이라는 자금이 있었다. 지금은 야금야금 까먹으며 다시 수입 파이프라인을 세우기 위해 조금씩 준비하고 있다. 하나의 수입원이 무너지는 것은 숨만 쉬어도 돈이 나가는 자본주의 사회에서 두려움으로 다가올 수밖에 없다.

하지만 하나의 수입원을 무너뜨릴 만큼 간절히 원하는 것이

퇴사 후 비로소 나를 찾았다

있었기에 단칼에 정리할 수 있었다. 첫 직장에서 만들어놓은 자금이 있었기에 마음이 놓였던 부분도 있었다. 현실적으로 이야기하자면 그렇다. 하지만 그 당시 난, 원하면 가질 수 있다는 믿음이 있었기 때문에 한 달 치 생활비를 조달하는 것은 어렵지 않다고 생각했다.

퇴사하면서 지난달에 사용한 카드값이 월급을 넘어서고 있었다. 바로 현금화시킬 수 있는 돈이 없었다. 그때 마침 내가 매수해두었던 주식이 올랐다. 나는 수익도 실현하면서 매도할 수 있었다. 정말로 필요할 때 딱 그만큼만 주어졌다.

내가 대학교에 입학하면서, 부모님께서는 경기도 성남으로 이사를 가셨다. 나는 지방에 있는 학교 근처에서 혼자 자취생활을 했다. 그래서 방학이 되면 부모님 댁에 가서 며칠씩 있다가 돌아오곤 했다. 대학 여름 방학 때 난 아르바이트를 하리라 마음먹었다. 그래서 동서울 터미널 근처 강변 테크노마트에서 쌈지 가방을 파는 아르바이트를 한 적이 있다.

하늘공원에서 매대에 가방, 지갑들을 진열하고 팔았다. 그때 나는 소비자 입장에서 팔아야겠다고 생각했다. 그래서 하늘공원에 산책 온 사람들에게 구경하고 가라며 가볍게 툭툭 던졌다. 그랬더니 사람들이 부담 없이 구경을 하기 시작했다. 내가 보기에도 마음에 들고 사고 싶은 가방들을 골라서 보여줬다. 모두가 보는 눈이 같았는지 내가 권해주는 가성비도 좋고 예쁜 가방들은 금세 팔려나갔다. 반값으로 세일하고 있는 가방들이어서 가

격도 저렴하다고 느껴졌다. 그렇게 매일 하루에 거의 200만 원 정도 매출을 올렸다. 그 당시 옆 매대에서 티셔츠를 팔고 있는 언니가 있었는데 내게 매일 부럽다고 했다. 난 그 언니를 응원하며 한 달 남짓 아르바이트를 이어갔다.

그러던 어느 날 나이가 조금 있어 보이는 여자분이 가방 구경을 하기 시작했다. 가방을 고를 때부터 어떤 것을 살지 고민이 많아 보였다. 그러더니 나에게 뭐가 좋을지 물어봤다. 그분은 빨간색 가방을 골랐다. 나는 그분에게 마음에 드는 걸로 사라고 했다. 그리고 마음에 들지 않으면 다시 가져오라고 했다. 환불해주겠다고 말이다. 그때는 내가 사장인 듯 고객인 듯 어차피 내 물건 아니니까 이런 마음가짐으로 고객들을 대했다. 그랬더니 부담 없었는지 그 여자분은 가방을 사갔고, 다음 날 그 가방을 들고 다시 찾아왔다. 환불하려고 한다고 했다. 그래서 왜 그러냐고 물었더니, 사람들이 나이에 맞지 않게 너무 빨간색 가방을 샀다고 뭐라고 했다는 것이다. 그래서 난 그 여자분에게 말했다.

"다른 사람이 무슨 상관이에요. 내 마음에 들면 됐죠."

그랬더니 그분은 "아~"라는 외마디 대답을 남기고 그대로 돌아갔다. 그분, 지금은 자신의 생각과 의지대로 잘 살고 있기를 응원한다.

그동안 부모님이나 형제, 자매의 말에 의해서 아니면 친구나 주변 사람들의 말에 의해서 내가 하고 싶었던 일들을 못 했던 일은 이제 잊자. 그리고 지금 내 모습이 만족스러운지 다시 생각해보자. 지금부터 내 길을 가면 된다. 도움이 필요하다면 나에게 연락해도 좋다. 책 표지 날개의 작가 프로필에 소통 가능한 창구가 안내되어 있으니 참고하길 바란다. 나 역시도 책에 적혀 있는 휴대전화 번호에 연락해서 도움을 받았듯, 내게 조언을 구하는 분들에게 나만의 메시지를 전달해줄 수 있다.

나는 16년 동안 연구직 회사원이었고, 이제는 그 월급쟁이 생활에서 빠져나왔다. 나는 지금 내 삶의 주인으로 걸음마를 시작하고 있다. 나만의 속도로 그렇게 나아가다 보면 나는 어느새 달리고 있을 것이다.

지금 시련의 가운데에서 허우적대고 있는가? 더 노력하면 잘될 거라고 믿으면서 정신 승리를 하고 있는 것은 아닌가? 애쓰는 삶을 살고 있지는 않은가? 애쓰는 일에 에너지를 쏟게 되면, 더 애써야 할 일이 생긴다. 잘되는 일은 자연스럽게 된다. 마치 나는 원래 운이 좋은 사람이었던 것처럼 말이다. 지금 자신의 모습은 내가 지난날 했던 선택의 결과다. 다른 사람을 탓하지 말고 과거에 했던 나의 선택을 탓해야 한다. 월급쟁이 프레임 안에서 힘들어하고 있는가? 혹은 주변 사람들에게 휘둘리며 살아가고 있는가? 이제는 제발 나답게 살아가자. 지금 자신의 마음이 행복하지 않다면 더 이상 나를 방치하지 말자.

인생 2막,
당신의 책을 써라

　김태광 작가는 그의 저서《마흔, 당신의 책을 써라》에서 다음과 같이 말하고 있다. "성공해서 책을 쓰는 것이 아니라 책을 써야 성공한다"라고. 나 역시도 그 말에 공감한다.

　책을 써서 모두 성공하는 것은 아닐지라도, 책을 쓴 사람 중에 성공자가 많은 이유다. 강연가 김미경, 국민육아멘토 오은영, 개그맨이자 요식업 경영자인 고명환 등 유명해진 사람들도 꾸준히 책을 출간하고 있다. 왜 그럴까?

　나 같은 보통의 사람들은 자신이 책을 쓸 수 있다고 생각하지 못한다. 책 쓰는 것이 어렵고 힘들다는 고정관념 때문일 것이다. 작가가 꿈이었던 나 역시도, 책 한 권 쓸 생각을 못했었다. 책을 쓴다는 것은 특별한 사람들만의 고유한 영역이라고 생각했기 때문이다. 이제는 그렇지 않다. 누구나 책을 쓸 수 있다고 생각한다.

보통 사람도 책을 통해 자신을 홍보하고, 브랜드가 되는 시대가 되었다. 유명해진 사람들도 꾸준히 책을 출간하는 것을 보면 분명 좋은 점이 있다. 그들은, 자신의 저서를 통해 생기는 다양한 기회들을 본 것이다. 무엇보다도 자신을 홍보하기 가장 좋은 수단은 바로 자신의 이름이 새겨진 책이다. 내 책이 곧 명함이다. 그것도 아주 고급 명함이다. 그렇게 내가 쓴 책 한 권은 자신을 성공으로 이끌어줄 수 있는 하나의 강력한 무기가 될 수 있다.

내 몸은 동시에 여러 곳에 있을 수 없지만, 내 책은 청와대에도 가고, 군부대에도 가고, 미국, 중국, 일본 어디라도 갈 수 있다. 그렇게 뻗어나간 내 책은 나를 홍보해준다. 그리고 나와 결이 비슷한 사람들에게 동기부여해주고, 도움이 되기도 한다.

박종기의 저서 《지중해 부자》에서는 세상은 네모 안의 세모이기 때문에 어떻게 위로 올라가야 하는 것인가를 고민해봐야 한다고 말한다.

"상위층에는 사람은 적지만 먹을 것이 많고, 하위층으로 갈수록 사람은 많은데 먹을 것이 적은 상황이 우리가 사는 세상의 모습이다."

그렇게 작가로 사는 삶이 바로 상위 단계로 올라갈 수 있는 하나의 수단이 될 수 있다. 책을 읽는 사람, 매일 일기 쓰는 사람도 그리 많지 않은데 책을 썼다고 하면 모두 대단하다고 생각한다. 나 역시도 책을 쓰고 있으니 책을 읽고 있는 당신도 할 수 있다. 책쓰기는 네모 안의 세모인 세상에서, 나처럼 보통의 사람이 위로 올라갈 수 있는 길이 되어줄 것이다.

책 쓰는 것은 내가 더 나은 삶을 살 수 있도록 길을 열어준다. 내 자신도 알지 못했던 나의 모습을 돌아볼 수 있는 기회가 된다. 내 존재를 사랑하게 되고, 내 가능성에 한계가 없다는 것을 짐작하게 될 수도 있다. 그리고 책 쓰며 접하게 된 숱한 다른 책들을 통해 내 사고가 확장되고, 거기에서 사업 아이디어가 마구 뿜어져 나올 수도 있다. 그래서 책쓰기를 자기계발의 끝판왕이라고 하는가 보다.

책쓰기에서 무엇보다 가장 중요한 것은 나의 스토리, 그리고 그 경험에서 얻은 깨달음과 같은 생각을 글로 아웃풋하는 것이다. 좋은 글이나 명언을 필사하고 내 생각을 함께 기록하는 것이 많은 도움이 된다. 난 초등학생 때부터 결혼하기 전까지 매일 일기를 썼다. 그것이 기초가 되어, 지금 꾸준히 책을 써나가는 데 많은 도움이 되고 있다.

내 저서를 기반으로 나만의 장르를 만들 수 있고, 서비스를 판매할 수도 있다. 1인 창업자, 즉 메신저의 삶을 살 수 있는 것이다. 사람마다 책을 쓰려는 이유는 제각각이다. 책을 쓴다면 당신은 어떤 목적, 어떤 주제로 쓰고 싶은가?

나만의 주제로 쓴 책은 나를 하나의 브랜드로 태어나게 한다. 여행을 좋아하는 내가 그동안의 여행지에서 겪었던 스토리를 책으로 엮으면 여행작가, 사춘기 아이를 키우면서 있었던 사례를 책으로 엮으면 엄마성장멘토가 된다.

난 20대에 '사람들은 반찬 같다'고 생각했다. 저마다 가진 고

퇴사 후 비로소 나를 찾았다

유한 맛으로 모두 다양하기 때문이다. 같은 소스를 뿌려도 재료마다 가진 고유의 맛이 달라서 반찬이 되면 또 다른 맛을 내듯이 말이다. 누구든지 자신만의 스토리가 있다. 모두 자신만의 우주를 가지고 있기 때문이다. 그 우주 안에서 일어나고 있는 자신만의 생각과 경험 그리고 깨달음을 한 권의 책으로 기록을 남겼으면 좋겠다. 그래서 전 국민 1인 1책 쓰기 운동을 추진하고 싶다. 나이가 70세가 넘은 할머니와 할아버지는 그 세월을 겪으며 얼마나 많은 경험을 했을까? 얼마나 무수히 많은 깨달음을 얻었을까? 그들의 사례만 연구해도 인생의 지혜는 거저 얻는 것이나 다름없지 않겠는가.

내가 사는 충북 청주에서도 지난 2019년도부터 1인 1책 지원사업을 하고 있다. 너무 멋있는 사업이 아닌가 생각이 든다.

내 책쓰기의 시작은 회사에 다니지 않아도 돈이 자동으로 통장에 들어오는 자동화시스템을 만들기 위해서였다. 책 출판은 인세 소득이라는 아주 매력적인 요소를 갖추고 있다. 권마담과 김도사의 저서 《김대리는 어떻게 1개월 만에 작가가 됐을까》라는 책을 통해 그들도 책쓰기에 대해 조언하고 있다.

"자기만의 노하우나 전문성을 담은 책을 쓰면 자신의 브랜드 가치를 높일 수 있다. 전문가 1.0 시대가 학위나 자격증에 의해 전문성을 인정받았다면 전문가 2.0 시대에는 책쓰기에 의해 판가름 난다고 할 수 있다.(중략) 교육자들이 저서가 없다는 것이 잘 이해되지 않는다. 이 나라를 짊어질 꿈나무들을 가르치는데 자신만의 교육철학이 담긴 저서 1~2권은 있어야 하지 않을까. 교사들이 현직에 있을 때 저서를 펴내면 여러 가지 이점이 있다. 평일에는 아이를 가르치고 주말에는 재능기부 강연이나 저자 강연을 다닐 수 있다. 자연스럽게 컬럼기고 요청도 받을 수 있고 이는 또 다른 수입 파이프라인으로 연결된다."

나를 비롯해서 아이들을 키우고 있는 부모이거나 다른 누군가를 가르치는 교육자의 길을 걷고 있는 어른이라면, 그리고 자신의 삶에 시련이 왔을 때 이겨낼 수 있는 힘을 기르고 싶은 사람이라면 책쓰기를 권하고 싶다.

난 책을 쓰면서 읽는 도서의 양뿐만 아니라 분야도 더 다양해지고 있다. 책 읽는 방법에 상관없이 다독, 정독, 탐독, 발췌독 했던 모든 과정 또한 너무 즐거웠다. 사고의 확장이 일어나고, 동시에 내 관심분야가 하나로 연결되고 있는 느낌도 든다.

책쓰기 전 사람들과 대화할 때 적당한 단어가 생각나지 않아서 "뭐지 뭐지"를 연신 외치던 나였다. 그러던 내가 책을 쓰면서 유수의 자기계발 대가들의 이름을 줄줄이 내뱉고, 마음에 와닿았던 인용문들을 수시로 이야기할 수 있을 정도가 되었다. 책 속에 한 문장을 인용하기 위해 고심했던 과정에서 얼마나 많이 공부가 되었는지 모른다. 나폴레옹의 유명한 명언 '내 사전에 불가능은 없다'를 인용하기 위해, 그가 도대체 언제, 왜 이 말을 했는지 알아야 했다. 난 정확히 알고 싶었고, 그의 일대기를 두 번이나 읽게 되었다. 그 과정에서 베토벤이 왜 운명교향곡을 썼는지, 그랬다가 프랑스 황제가 된 나폴레옹의 소식을 듣고 그 악보를 집어던졌다는 것도 알게 되었다.

책을 쓰면 책을 읽기만 하는 것보다 10배는 더 똑똑해지는 느낌이다. 내가 가르치기 위해 공부하는 것과 그냥 공부만 하는 것의 차이라고 하면 이해가 쉬울까?

책쓰기를 통해서 내가 달라졌다. 지난 내 경험과 깨달음에서 새로운 나로 성장할 수 있었다. 왜냐하면 내가 나를 객관적으로 볼 수 있는 시간이었기 때문이다. 내가 어떤 일을 했고 어떤 경험을 통해 어떻게 깨달았는지, 그 깨달음을 통해 내 사고방식은 어떻게 변화되었는지, 그 변화된 사고방식으로 내 행동은 어떻게 바뀌었고 내 삶은 어떻게 변화되었는지 말이다. 그렇게 내 인생을 다시 돌아보며 정리하는 시간이 되었다. 그리고 내게 다가온 인생의 시련이 내게 또 다른 기회가 되었음을 깨달았다. 내게 시련을 준 사람들을 있는 그대로 허용할 수 있게 되었다.

아니타 무르자니는 임사체험을 통해 그녀의 삶을 통째로 바라볼 수 있었다고 했다. 그런 경험은 아무나 쉽게 할 수 없고, 내가 내 삶을 통째로 바라볼 수 있다는 생각을 할 기회는 더더욱 없을 것이다. 아마도 책쓰기가 유일하지 않을까 한다. 책쓰기는 내 자신의 가장 깊숙한 내면 자아까지 바라볼 수 있는 방법 중 하나라는 생각이 든다.

자신의 분야에서 더 성장하고 성공하고 싶다면 혹은 다른 이유에서든 책을 쓰길 바란다. 특히 당신의 나이가 나와 비슷한 40대이거나 인생 2막을 시작하고자 한다면 진심으로 책쓰기를 권하고 싶다.

나를 최고의
전문가로 만들자

　　　　　나는 천연물 소재 개발 연구원으로 천연물 분석 전문가로 성장했다. 천연물 소재 개발 분야에서 내게 주어진 업무는 물론이고, 어떤 업무라도 소화해냈다. 첫 직장에 입사하자마자 분석법 개발을 시작으로 분석법 밸리데이션 업무를 했고, 이후 공정개발 부문에서 건강기능식품과 화장품 소재를 연구 개발하는 연구원으로 일했다. 천연물 소재 연구 개발 관련 실험은 뭐든 가리지 않고 도전했고, 성과가 좋든 그렇지 않든 결과를 만들어냈다.

　공정 중에 나오는 샘플과 원물 소싱으로 확보한 샘플을 분석하는 일도 함께 진행했다. 물질 개발 분야지만, 세포실험 인력이 없을 때는 세포 배양부터 실험 방법을 배워서 업무를 진행했다. 실험 후 분석을 하기 위한 분석법 개발, 그 분석법을 이용한 정량분석, 그리고 보고서까지 말이다. 그리고 세포실험 방법을 다

　　　　　　　　　　　　퇴사 후 비로소 나를 찾았다

른 연구원들에게 전수해주었다. 식품 연구 개발팀에서 식품 및 건강기능식품 완제품 개발 경험도 있었다. 그러던 중 분석법 세팅 업무를 할 인력이 충원되지 않자, 내가 추천되었고 첫 직장 퇴사 전까지 분석을 전담한 연구원으로, 분석 관련 업무는 내 손을 거치지 않은 일이 없을 정도였다.

최근 첫 직장 동료들과 저녁식사를 했는데 농담 반 진담 반으로, 분석 아르바이트할 생각 없냐고 물어오셨다. 퇴사하고도 분석 하면 떠오르는 사람이 되어 있다니 조금은 뿌듯했다.

나는 첫 직장에서 그동안 쌓아놓은 경력을 정리해서 채용 사이트에 내 정보를 공개했었다. 그렇게 헤드헌터의 도움으로 두 번째 직장에 입사할 수 있었다. 두 번째 직장도 분석기기를 운용하며 분석이 주 업무인 자리였다. 건강기능식품 소재를 개발하던 연구원에서 신약 개발 연구원으로 채용될 수 있었던 이유는 분석과 기기 유지관리가 가능했기 때문이었다. 내가 적극적으로 어필해서 회사라는 조직에 입사할 수도 있지만, 나를 최고의 전문가로 키워놓는다면 내가 찾지 않아도 나를 필요로하는 사람은 나를 찾아오게 될 것이다.

박종기의 저서 《지중해 부자》에서도 다음과 같이 말하고 있다.

"일이 생각처럼 잘 안되고 있다면 지금 상황에서 답을 찾지 말고 일의 방향을 바꿔라. 자동차를 한 대 더 팔려고 애쓰기보다는 누구나 인정하는 자동차 전문가가 되는 게 더 큰 소득을 보장할 것이다."

나를 최고의 전문가로 만들기 위해서는 어떻게 해야 할까? 우선 내가 그렇게 되고자 원해야 한다. 그리고 이룰 수 있는 계획을 세우고, 꾸준히 그 길로 나아간다. 그 길을 향해 가고 있는 난 이미 그 분야의 전문가다. 포기하지만 않는다면 말이다. 그렇게 성실히 매일 나아가다 보면 자신에게 도움을 구하는 이도 있을 수 있고, 여러 기회가 생기게 된다. 내게 도움을 청하는 이들에게 도움을 주다 보면 그것이 다른 기회의 문을 열어주리라.

회사라는 조직에 소속되길 원한다면, 그에 걸맞은 이력서를 작성하는 것이다. 내가 그동안 했던 업무를 간략하지만 임팩트 있는 완성형 단어를 사용해 작성한다. 그리고 분기별로 한 번씩 수정하다 보면 내 이력 관리도 될 뿐만 아니라 성과 정리도 동시에 된다.

1인 창업자나 사업가의 경우, 자신을 브랜딩하고 홍보하고 마케팅해서 자신의 존재를 알려야 한다. 가장 쉽게 할 수 있는 일은 인스타그램, 블로그, 유튜브 등과 같은 매체를 활용해서 자신의 경험과 스토리 그리고 자신만의 깨달음 등을 꾸준히 공유하는 것이다. 그리고 자신의 이름으로 낸 책이야말로 자신을 홍보할 수 있는 최고의 홍보수단이 된다.

첫 직장에서 나와 같은 시기에 권고사직으로 퇴사한 신입 연구원이 있었다. 그때 난 이미 이력서를 준비해놓은 상태였다. 그 연구원은 갑작스러운 통보에 당황해하며, 그 역시 이력서를 작성하고 있었다. 나는 그에게 도움을 주고 싶었다. 그래서 내가

퇴사 후 비로소 나를 찾았다

작성한 이력서를 공유해주었다. 난 회사생활을 하면서 나보다 직급이 더 높은 분들의 이력서를 본 적이 없다. 그들이 공유해주지 않을 뿐만 아니라, 나조차도 공유해달라고 해본 적이 없었다. 이 치열한 회사생활에서 자신의 성과와 연봉을 높이기 위한 이직용 이력서를 서슴없이 보여줄 사람은 얼마나 될까.

두 번째 직장에 입사한 지 얼마 되지 않았을 때, 첫 번째 직장에서 나와 같이 퇴사한 연구원에게서 메시지를 받았다. 그때 내가 공유해준 이력서가 도움이 많이 됐다고 말이다. 자신도 이직에 성공했다고 고마움을 전했다. 그때는 정말 뿌듯했고 행복했다.

첫 번째 직장에서 또 다른 신입 연구원은 분석을 한 번도 해본 적 없지만 똑똑하고 열정적인 인재였다. 내가 교육과 훈련을 담당했고, 그녀는 반년 만에 스스로 분석 업무를 진행할 수 있게 되었다. 신입 연구원이 들어오면 내가 업무와 회사 환경에 적응할 수 있도록 배려했다. 그리고 내가 알고 있는 노하우까지 모든 것을 알려주었다. 신입 연구원이 성장하고 잘해낼 수 있도록 돕는 것이 내 일이라 생각했기 때문이다.

난 이 세상에 살면서 내가 누군가에게 도움이 됐을 때, 행복한 기분이 들었다. 나뿐만 아니라 다른 사람들도 그렇지 않을까? 내 도움으로 다른 사람이 성장했다면 혹은 행복해졌다면 그것이야말로 이 세상을 사는 데 큰 기쁨이지 않을까 생각해본다.

이제는 내가 하고 싶은 일을 하며, 그 길로 나아가려고 한다. 그 길을 가는 자신이 그 분야의 전문가라는 생각으로 말이다.

그리고 이제 막 시작하려는 왕초보들에게 나만의 노하우를 알려줄 수 있다. 분명히 내게 도움을 받고 싶은 이들이 있을 것이다. 그들을 돕기 위해, 그리고 그들에게 더 많은 것을 알려주기 위해 정리하고 공부도 꾸준히 할 것이다. 최고의 공부는 다른 사람을 가르치는 것이라고 한다. 다른이에게 알려주기 위해서는 정확하게 알고 있어야 가르쳐주는 것이 가능하기 때문이다. 내가 다른 사람에게 올바른 정보를 주기 위해서 한 번 더 공부하고 한 번 더 생각해야 한다. 그렇게 내 자신도 더 성장하는 계기가 된다.

남편과 난 저녁 식사할 때 가끔 소주를 곁들인다. 남편은 평소에는 말이 없는데, 술을 많이 마신 날은 유난히 자신의 속마음을 이야기하기도 했다. 그러던 어느 날 남편은 평소보다 훨씬 많은 양의 소주를 마셨고, 그동안 힘들었던 속마음을 털어놓았다. 난 초긍정 마인드로 살아가고 있는데, 남편은 정작 우울한 나날을 보내고 있었다. 아이들도 엄마인 내가 하는 말만 들으니 자존감도 많이 떨어졌다고 했다.

난 남편부터 도와줘야겠다고 생각했다. 가장 중요한 것은 그의 이야기를 들어주는 것이었다. 그리고 내가 힘들었을 때 느꼈던 감정도 공유했다. 그리고 난 그에게 사랑한다고 했다. 그 말이 그에게 위로와 힘이 되었으면 좋겠다. 그날 저녁 식사는 새벽 2시까지 대화로 이어졌고, 남편은 전보다 마음이 편안해진 것 같았다.

퇴사 후 비로소 나를 찾았다

누군가와 이야기를 나누면 내가 가장 많이 듣는 단어가 있다. '긍정'이라는 단어 말이다. 내 생각이 다른 사람과 같을 순 없다. 하지만 나와 결이 비슷한 사람들에게 동기부여가 된다면 그것이야말로 내겐 충분히 가치 있는 삶이다. 난 확신한다. 분명히 우리의 삶은 나아질 수 있다.

저 사람이 했으니 나도 할 수 있다. 내가 했으니 당신도 할 수 있다. 당신이 원하는 것을 이루겠다는 마음만 먹는다면 말이다. 우리는 모두 자신만의 분야에서 최고가 될 수 있다. 자신을 최고의 전문가로 만들자! 그리고 우리 함께 사는 동안 행복하고 풍요로운 이 세상을 누리자!

당신이 꿈꾸는 미래는
어떤 모습인가

당신은 언제부터 당신 스스로의 삶을 선택할 수 있었는지 인지하는가? 어렸을 때 기억이 잘 나지 않지만, 난 초등학생 때였다고 생각한다. 부모님의 품을 벗어나 처음으로 내가 하고 싶은 것을 선택할 수 있었던 경험이었다.

초등학생 때 교과 과목 외에 특별 활동이 있었다. 특별 활동은 다양했고 그 활동은 한 분기나 한 학기 동안 이어졌다. 내가 선택한 특별 활동은 대부분 예술 계통이었던 것 같다. 그중에서 조각부, 서예부, 동시부 같은 무언가를 만들고 그리는 분야를 선택했다. 그런 활동이 재미있었기 때문이다. 서예부 때 서예붓으로 난을 쳤던 기억도 흐릿하게 남아 있다. 그리고 그때 동시부에서 동시 쓰는 활동이 시작된 것으로 짐작해본다.

명절 때 우리 집에 방문한 고모부에게 동시노트를 처음 보여 드렸다. 내 동시를 보고 크게 놀라며 정말 잘 썼다는 칭찬을 해주셨다. 그 이후로도 일 년에 두 차례씩 오실 때마다 내게 동시를 계속 쓰라고 진심으로 응원해주셨다.

최근에, 우리 아이들과 집 근처 키즈카페에 자주 갔었다. 나는 키즈카페 사장님과 이야기를 나누기 시작했다. 30분도 되지 않아 그분과 나는 꿈을 공유하는 사이가 되었다. 휴대전화번호도 공유했다. 일주일 후 그 키즈카페에 아이들과 또 갔다가 두고 온 목걸이를 찾아가라는 사장님의 연락으로 두 번째 만남을 가질 수 있었다. 이후 그 사장님은 자신이 마음의 안식을 위해 동시 교육을 받으러 가는 곳에 나를 초대해주었다.

내게 그곳에 함께 가서 영감을 얻지 않겠느냐고 권유해주셨다. 난 그 초대가 너무 감사했다. 처음 본 내게 자신의 삶을 공유하고, 테두리에 포함시켜준다는 것은 어마어마한 일이라 생각하기 때문이다.

이 인연으로 말미암아 난 동시를 다시 쓰기 시작했다. 우리 집에는 시상을 떠올릴 수 있는 맑은 영혼의 소유자가 두 명이나 있기에 가능한 일이다. 그리고 더불어 고모부의 칭찬이 아직도 가슴에 남아 있는 것을 느꼈다. 어렸을 때 받은 칭찬이 이렇게 내게 큰 자존심과 자부심이 되다니, 우리 아이들에게 진심으로 크게 칭찬해줘야겠다고 지금에서야 깨닫는다. 그리고 그 칭찬으로 말미암아 난 다시 내 미래를 꿈꾸고 있다.

내 어린 시절, 집에 있던 책이라곤 '나라 사랑과 효도'라는 주제의 20권짜리 전집과 '셜록 홈스' 전집뿐이었다. 그래서 혼자 책을 읽을 수 있는 나이가 되면서 그 전집만 여러 번 읽었던 기억이 있다. 책에 대한 갈증은 나를 도서관으로 향하게 했다. 그래서 초등학교 5학년 때부터 주말마다 도서관을 드나들었다. 더불어 초등학생이었던 나는 학교 도서관 문단속을 맡아서 했다. 그곳에서 책을 이것저것 많이 볼 수 있기 때문에 문단속 역할이 좋았다.

난, 초등학생 때부터 일기를 매일 썼다. 그때는 일기쓰기가 숙제였기 때문에 매일 쓸 수밖에 없었다. 일기 도입부는 항상, '나는 오늘' 아니면 '오늘 나는'으로 시작했지만, 중요한 것은 매일 꾸준히 썼다는 것이다. 그 일기 쓰기는 내가 결혼하기 전까지 이어졌다. 참으로 오래된 글쓰기 인생이었다.

책 읽기와 글쓰기, 그리고 어렸을 때 썼던 동시로 크게 칭찬받았던 기억은, 차곡차곡 모여 재료가 되었고 작가의 꿈으로 이어졌다. 나조차도 기억에 없던 내 꿈은, 블로그 글과 인스타그램 피드에서 확인할 수 있었다.

얼 나이팅게일의 저서 《사람은 생각하는 대로 된다》에서 그는 이렇게 말하고 있다. "이 순간의 당신은 인생의 현 지점에 이르기까지 한 모든 생각의 총합이다." 그렇기 때문에 지금 내 모습은 그동안 내가 했던 생각대로 된 것이라고 할 수 있다.

이전에 혜민 스님의 강연을 들은 적 있다는 것을 최근에서야 깨달았다. 난 최근에 남편의 도움으로 집에 있는 끝방을 창고에서 서재로 탈바꿈시켰다. 그러다가 혜민 스님의 저서 《멈추면,

비로소 보이는 것들》이 두 권이라는 사실도 발견했다. 그중 한 권은 친필 사인을 받은 것이었다. 그것을 보니, 내가 혜민 스님의 강연을 들었던 기억이 났다. 혜민 스님 강연 끝자락에 내가 했던 질문도 떠올랐다. 그때 나는 천연물 소재 개발 연구원이면서 방황을 시작하고 있었을 때이기도 했다.

"스님의 꿈은 무엇인가요?"

스님은 당황하는 듯했지만, 이내 대답해주셨다. 어떤 대답이었는지 기억이 잘 안 난다. 아마도 그의 책에 적혀 있듯, "혼자서 도 닦는 것이 무슨 소용인가. 함께 행복해야지"와 결이 비슷한 대답이었던 느낌만 남아 있다.

내가 만난 무수히 많은 사람들에게 늘 궁금한 것 한 가지가 있었다. 그것은 저 사람의 꿈은 무엇일까였다. 그래서 남녀노소를 불문하고, 개인적으로 질문할 여유가 생기면 난 이 질문을 하곤 했다. 사람은 다른데 내 질문은 한 가지였으니, 내 질문에 답하는 사람들이 모두 다름을 알 수 있었다. 꿈이 있거나 없거나 둘 중 하나였다. 난 그것이 왜 궁금했을까?

난 내 꿈을 늘 생각해왔다. 꿈이 없으면 만들었다. 꿈이 있어야 무언가를 할 수 있었기 때문이었다. 반대로 꿈이 없으면, 사는 대로 생각하고 무의미하게 흘러가는 대로 살 수밖에 없었다. 지금은 다르다. 난 내가 나를 정의하는 삶을 살고 있고, 내 인생을 주도적으로 살아가고 있다. 인생 2막은 그렇게 시작되었다. 내가 내 인생에 주체가 되어야겠다고 내 존재를 '허용'하는 순간 말이다.

처음으로 내가 내 인생경로를 바꿨다. 그렇게 하는 게 맞는 길이라고 생각했기 때문이다. 퇴사를 생각하고, 뭐라고 말할지, 그리고 내일 회사에 가서 할 행동 하나하나 모두 생각했다. 그 생각과 함께 난 행복한 미소를 지으며 잠자리에 들 수 있었다.

이후 나는 어렸을 때부터 키워온 내 꿈인 작가의 길을 향해 나아가고 있다. 공부에 관심이 없었던 초등학생 시절을 지나, 시에 있는 고등학교 진학을 목표로 공부했던 중학생, 그리고 원하는 고등학교에 진학했으나 집 근처 고등학교로 전학 와서 대학교 진학을 위해 부지런히 공부한 고등학생, 대학 진학 후 사회에 나가서 무슨 일해서 먹고 살아야 하나 고민했던 대학생. 농대생이었던 나의 불안감에서 비롯된 '제약회사 연구원'이란 꿈을 목표로, 약학대학원 석사 졸업 그리고 천연물 소재 개발 연구원으로 이룬 꿈, 첫 직장에서 15년을 근무하고 권고사직으로 졸업한 후 신약 개발 연구원으로 10개월 근무, 그리고 이제는 작가로서 다른 삶을 시작했다.

이 글을 쓰는 지금, 모든 순간이 주마등처럼 지나간다. 난 지방대 농과대학을 졸업 후 약학대학원 석사 졸업장 하나 들고 입사했다. 부족한 스펙이었지만 내게 주어진 일은 뭐든지 해내며 경력을 쌓았다. 신약 개발 연구원이 되었을 때는 원대한 포부를 안고 시작했지만, 이내 좌절되는 시련을 맞았다. 그 시련이 16

퇴사 후 비로소 나를 찾았다

년이란 연구원 생활에 종지부를 찍을 수 있었던 기회였다. 난 그 기회를 잡았을 뿐이다.

이제는 마음의 풍요와 물질적인 부를 이루고, 모두가 잘 사는 세상을 만드는 데 도움이 되는 사람이 되고자 한다. 특히 앞으로 살아갈 날이 너무도 많은 어린이들, 그들의 부모들의 삶까지 좀 더 풍요롭고, 풍족하게 살기를 바라는 마음으로 말이다.

인간으로 태어나 마땅히 누려야 할 행복을 누릴 수 있도록 도와주고 싶다. 나 같은 시련을 겪고 있다면 나의 이야기를 통해 조금이라도 도움이 되었으면 좋겠다.

당신은 지금 어쩌면 나와 같은 40대일 수도 있고, 곧 40대가 될 수도 있고, 이미 40대가 지났을 수도 있다. 당신의 삶에 마흔이라는 한 점을 지나는 나의 이야기가 마음에 닿기를 바란다.

한 사람은 그 사람이 꾸는 꿈을 닮아간다고 누가 이야기했던가. 어떤 꿈을 꾸는지 알면 그 사람이 어떤 사람인지 알 수 있다. 이제 한번 생각해보자. 당신이 꿈꾸는 미래는 어떤 모습인가?

긍정의 눈으로 세상 보기

퇴사 후 비로소 나를 찾았다

제1판 1쇄 2024년 3월 20일

지은이 황지혜
펴낸이 한성주
펴낸곳 ㈜두드림미디어
책임편집 우민정
디자인 디자인 뜰채 apexmino@hanmail.net

㈜두드림미디어
등 록 2015년 3월 25일(제2022-000009호)
주 소 서울시 강서구 공항대로 219, 620호, 621호
전 화 02)333-3577
팩 스 02)6455-3477
이메일 dodreamedia@naver.com(원고 투고 및 출판 관련 문의)
카 페 https://cafe.naver.com/dodreamedia

ISBN 979-11-93210-57-4 (03190)